WJS CORSO

WJS

Wolf Lepenies

Folgen einer
unerhörten Begebenheit

Die Deutschen
nach der Vereinigung

CORSO bei *S*iedler

Inhalt

Das Europa der Ungleichzeitigkeit

Es gibt historische Voraussagen, die nicht einfach falsch sind, sondern die im Laufe der Zeit sich als immer unzutreffender erweisen. Eine solche Prognose stammt ausgerechnet von einem großen Rechthaber, einem politischen Denker und denkenden Politiker, der in bewundernswerter Weise vieles vorausahnte und manches vorwegnahm. Aber Alexis de Tocqueville war so vermessen, die Pläne des Allmächtigen erkennen zu wollen. Er wurde dafür durch den Gang der Geschichte gestraft. Er schrieb, Gott habe für die Länder Europas eine ruhige Zukunft vorgesehen. Das war 1835.

Wie ruhig wird die Zukunft Europas sein? Heute kann niemand eine Antwort wagen. Wir sahen die friedliche Weltordnung des neuen Jahrtausends schon vor unseren Augen und sind auf einmal in das stupide 19. Jahrhundert zurückgeworfen. Im Europa der Bürgerkriege und der Hungersnöte erinnern wir uns an die Prophezeiung, dem Zeitalter der Nationen werde das Zeitalter der Könige noch einmal als die Epoche erscheinen, in der Milch und Honig floß.

Die Turbulenzen, in die unser alter Kontinent geraten ist, haben nicht nur die Unzuverlässigkeit aller Prognosen gesteigert, sie haben auch die Unfähigkeit erhöht, sich mit dem Nächstvergangenen angemessen zu beschäftigen. Überzeitliche Wahrheiten sind gefragt — und die Impressionen des Augenblicks. Konjunktur haben der Prophet und der Reporter. Wenn die Gegenwart blitzschnell vergeht und die Vergangenheit stetig ihre Konturen verändert, dann bleiben als stützender Halt für das historische Bewußtsein nur die überzeitlich wirksame, die vom Gang der Geschichte nicht zu verändernde Offenbarung oder das Impromptu, das den Tag gar nicht überdauern will. Auf einmal finden sich der Sozialwissenschaftler und der Erzähler im gleichen Boot: Theorien mittlerer Reichweite wie auch der Roman erscheinen als wenig geeignet zur Erkenntnis der Gegenwart oder zur raunenden Beschwörung des Imperfekts.

Jetzt zeigt sich, wie gefährlich die Illusion war, den Zusammenbruch der staatssozialistischen Regime in Mittel- und Osteuropa als den Auftakt der letzten historischen Zeitenwende zu deuten, als den Beginn eines Prozesses, der ausnahmslos zu einer Demokratisierung der Politik, zu einer Marktorientierung der Wirtschaft und zu einer Liberalisierung von Wissenschaft und Kultur führen würde.

In jener trügerischen Selbstgewißheit, die Karl Marx – ein Autor, der als so veraltet gilt, daß es wieder lohnt, ihn zu zitieren – als das Kennzeichen der bourgeoisen Weltdeutung beschrieb, erscheinen historische Probehandlungen als unaufhaltsame Naturprozesse. Daß im triumphierenden Westen der Geist der Häme und der Besserwisserei sich ausbreitet, ist schlimm genug; als fatal könnte sich erweisen, daß ein teleologisches, ein sich selbst bestätigendes und beruhigendes geschichtsphilosophisches Denken wieder in Mode kommt – so, als hielten die *civil society* in ihrem Lauf weder Ochs noch Esel auf.

Westliche Denker und Politiker flüchten sich in die Illusionen des *posthistoire*. Es gilt anscheinend nur noch, überzeitlich gültigen Prinzipien zum schnellen Durchbruch zu verhelfen; die Erinnerung an die kaum vergangene eigene Geschichte wirkt demgegenüber als Hemmschuh. Man muß aber – beispielsweise – nicht der Sympathie mit der serbischen Soldateska verdächtigt werden, wenn man darüber erschrickt, wie pathetisch ein deutscher Außenminister das Selbstbestimmungsrecht für die Kroaten und die Anerkennung ihres Staates forderte, ohne zu bedenken, wer im Gebiet des nun auseinanderbrechenden Jugoslawien zum begeisterten Bundesgenossen der deutschen Faschisten und zu ihrem mörderischen Handlanger auf dem Balkan wurde.

Man muß nicht als Anhänger der russischen Putschisten gelten, wenn man im Triumph Boris Jelzins nicht nur das Ende der KPdSU und den Untergang des sowjetischen Imperiums begrüßt, sondern auch das Wiederaufleben Großrußlands vorausahnt und die Wiederherstellung seiner staatlichen und kirchlichen Orthodoxie befürchtet. Die Umrisse eines neuen Europa zeichnen sich ab, in dem es – verstärkt und herausgefordert durch die Evangelisation des polnischen Papstes – auf einmal wieder Staatskirchen gibt. Wer weiß, zu welchen Entsäkularisierungen der Fall des Kommunismus noch führen wird und welche Revisionen der europäischen Geschichte Vertriebene wie Solschenizyn nach der Rückkehr in ihre Heimat einklagen werden.

Cuius regio, eius religio gewinnt einen aktuellen Klang: Wird das neue Europa der Regionen das alte Europa der Religionen sein? Die Augsburger Friedensformel von 1555 verknüpfte das Recht der freien Bekenntniswahl, das sie den Reichsständen zusprach, ausdrücklich mit der Lizenz, Andersgläubige zu vertreiben. Die Grenzen offen und Flüchtlinge allerorten – so droht das Europa der Zukunft auszusehen.

Vor zwei Jahren sagte ein ungarischer Politiker, nun sei es an der Zeit, die Ergebnisse der Vorort-Verträge von Saint-Germain und Trianon zu revidieren. Er meinte es schon damals ernst. Von solchen Äußerungen gehen größere Gefahren für die Ruhe Europas aus als von den Zigeunerfamilien, die seit Monaten auf der polnischen Seite der Oder kampieren und zum vereinten Schrecken der Deutschen alsbald die Fußgängerzonen ihrer Großstädte bevölkern werden.

Nichts wäre in diesem Augenblick verhängnisvoller, als von seiten des glücklichen Westens auf den mühsamen und nicht nur volkswirtschaftlich, sondern auch völkerpsychologisch kostspieligen Selbstfindungsprozeß in Mittel- und Osteuropa mit Herablassung zu reagieren. Ob sich die Reformbewegungen in Mittel- und Osteuropa – angesichts des neuen Reichtums einer hauchdünnen Schicht von Friedensgewinnlern und einer sich im Augenblick noch rapide verschärfenden neuen Armut in großen Teilen der Bevölkerung – stabilisieren, ob sie sich gegen die auflodernden Nationalismen werden behaupten können, wird nicht nur vom Umfang der westlichen Wirtschaftshilfe abhängen. Entscheidend wird ihr Erfolg oder Mißerfolg vom Augenmaß und vom Takt bestimmt werden, mit dem diese Hilfe nicht als Almosen gegeben wird, sondern als der Beginn einer Kooperation unter Gleichberechtigten empfunden werden kann. Die offene Hand tut not – aber sie wird wenig bewirken, wenn dabei das Fingerspitzengefühl verlorengeht.

Was wir heute dringend benötigen, ist – in Analogie zur Geschichte der Mentalitäten – eine *Politik der Mentalitäten*. Wir haben in kürzester Frist überall in Europa erfahren, daß beispielsweise der Übergang zur Marktwirtschaft nur gelingen kann, wenn ökonomische Hilfsmaßnahmen von der Herausbildung einer spezifischen Wirtschaftsgesinnung begleitet werden. Gleiches gilt für das Rechtsempfinden und alle grundlegenden kulturellen Selbstverständlichkeiten, auf denen die Bürgergesellschaft ruht.

Auch die neuentfachten europäischen Nationalismen werden nur durch eine Politik eingedämmt und zivilisiert werden können, die die Folgewirkung der europäischen Mentalitätsbrüche angemessen berücksichtigt. Die Ideologie des Sozialismus und die Praxis der kommunistischen Regime, so der ungarische Schriftsteller István Eörsi, haben die Psyche der Menschen in ihrem Herrschaftsbereich in einer Weise manipuliert, deren Konsequenzen sich heute noch kaum abschätzen lassen. Das grundlegende Problem unseres im Übergang zur Bürgergesellschaft zusammenstrebenden Kontinents ist die Ungleichzeitigkeit der Mentalitäten und Gesinnungen, die die europäischen Bevölkerungen prägen.

Der Zeitdruck zur Überbrückung dieser Differenzen ist dabei enorm, und während wir es bei der Geschichte der Mentalitäten mit einer Geschichte in Zeitlupe zu tun haben, kann die Politik der Mentalitäten nur wirken, wenn sie eine Politik im Zeitraffer ist. Aus diesem Grunde gewinnen heute die symbolischen Elemente der Politik überall an Bedeutung: Symbole sind strategische Verkürzungen politischer Prozesse und Programme, und daher ist nicht zuletzt eine Politik, die mit Symbolsetzungen umzugehen versteht, eine Politik im Zeitraffer.

Zugleich wird heute Politik zunehmend von Geschichte überlagert. Eine Politik des Augenblicks, die von André Malraux so genannte *politique politicienne*, stößt an ihre Grenzen. Wie der jugoslawische Bürgerkrieg und der Zerfall der Sowjetunion zeigen, kann ein Krisenmanagement mit Kurzzeitgedächtnis nichts bewirken, wenn Nationen und Völker erst einmal ihre Geschichte nachholen und offene Rechnungen miteinander begleichen wollen, statt sich um wirtschaftlicher Vorteile willen auf die Aufgabe ihrer mühsam erkämpften und so lange herbeigesehnten Souveränität einzulassen. Die gegenwärtige Ungleichzeitigkeit Europas findet auch im Kampf der Geschichte mit der Ökonomie ihren Ausdruck.

Als Walther Rathenau die Vision einer europäischen Gemeinwirtschaft entwarf, war er nicht so naiv, dadurch schon die allgemeine Abrüstung und den Weltfrieden gesichert zu sehen. Aber er verband mit dem ökonomischen Einigungsprozeß die Aussicht auf eine Milderung der Konflikte, Kräfteersparnis und die Herausbildung einer solidarischen Zivilisation. Wir sind heute skeptischer geworden. Zwar wird die Angleichung der Lebenschancen in ganz Europa sich beschleunigen. Fraglich bleibt aber, ob dieser Prozeß schnell genug verlaufen wird. Zu befürchten steht vielmehr, daß in Europa die zu lange ausbleibende Gleichheit die neugewonnene Freiheit wieder in Frage stellen wird. Wir sollten uns darüber im klaren sein, daß noch längst nicht entschieden ist, ob die Prozesse, deren Zeugen und Mitspieler wir heute sind, eine Zeitenwende oder eine Episode darstellen.

Und wir sollten uns, gerade in Deutschland, auch klar darüber sein, daß die Fristen der historischen Prozesse, in die wir hineingerissen worden sind, unsere eigene Lebenszeit weit übersteigen werden. Vereint im Sinne nicht nur einer Angleichung der Lebenschancen, sondern einer zunehmenden Übereinstimmung der Lebenslagen, zu der eine gemeinsame Zukunftsperspektive ebenso gehört wie eine miteinander geteilte historische Identität, werden erst jene Deutschen sein, die nach dem 3. Oktober 1990 geboren wurden. Die deutschen Staaten haben sich vereint, bevor die Deutschen sich einig wurden. Noch lange werden wir in einem eigentümlichen Land leben – in einem Land, in dem es keine Einheimischen gibt. Es gibt Einheimische (Ost) und es gibt Einheimische (West), und deutsche Europäer können wir jetzt erst werden.

Wie sind sie beschaffen, die deutschen Zustände, mehr als zwei Jahre nach dem Fall der Mauer im revolutionären Jubiläumsjahr 1989, das damals den Europäern als das unvergleichliche *annus mirabilis* ihrer Geschichte erschien?

Das voreilige und
das verspätete Deutschland

ZUNÄCHST EINMAL: NICHT IMMER SIND GROSSE Worte am Platz. Vieles, was den Beteiligten selbst als welthistorisches Drama erschien und immer noch erscheinen mag, ist bei näherem Hinsehen eher eine Lokalposse oder ein Kapitel in einem Trivialroman. Auch ist das vereinte Deutschland, selbst wenn der neudeutsche Narzißmus zu einer Gefahr für den europäischen Einigungsprozeß werden sollte, keineswegs die furchtbarste Gefahr der Welt, wie Heinrich Heine voraussagte – der mit dieser Prognose auf den Beifall seiner französischen Gastgeber rechnen durfte. Auch wenn auf den Campingplätzen zunehmend die schwarz-rot-goldenen Fahnen wehen und Friedrich der Große wieder in Potsdam ruht, bedroht – jedenfalls im Augenblick noch – weniger ein wiedererwachter deutscher Nationalismus die Welt, als daß die Deutschen selbst die Chancen der Einheit durch ihren schläfrigen Provinzialismus aufs Spiel setzen.

Wie sind die deutschen Zustände? Verworren,

verschwommen, jeden Orts verschieden, früher gab es zur beidseitigen Orientierung die Mauer, jetzt ist Übergang überall. Wer über die ostdeutschen Straßen fährt und die Autos und ihre Kennzeichen registriert, gewinnt einen präzisen Einblick in die Mischung der Mentalitäten und Lebenslagen, der wir uns heute gegenübersehen. Sichtbar wird ein Kaleidoskop deutscher Ungleichzeitigkeit. Westfahrer in Westautos sind langweilig; ihre Identitätsansprüche lassen sich bereits an den unterschiedlichen Automarken ablesen. Ostfahrer dagegen demonstrieren alle Stufen, in denen augenblicklich die deutschen Identitätswechsel vor sich gehen: sie fahren in Ostautos mit alten Ostkennzeichen, in Westautos mit neuen Ostkennzeichen, in Ostautos mit Westkennzeichen, in Westautos mit Ostkennzeichen ohne Nationalitätenschild, in Ostautos mit Ostkennzeichen und übermaltem DDR-Schild, in dem die beiden letzten Buchstaben unter unschuldigem Weiß verschwunden sind, in Ostautos mit Westkennzeichen und D-Schild und – unerlaubt, Gipfel der historischen Ironie und Ikone der Vergeblichkeit – in Westautos mit Westkennzeichen und altem DDR-Emblem.

Diese fast unendliche Kombinatorik der Identitätssignale ist alles andere als trivial: sie verrät das Nebeneinander der faktischen Lebenslagen, in denen die Deutschen sich gegenwärtig befinden. Die Beispiele ließen sich fortsetzen. Bei uniformierten Beamten und Hoheitsträgern, die im Osten Dienst tun, ist, von oben verordnet, nur das Tragen der West-Mütze Pflicht, weil an ihr in der Regel das Hoheitszeichen prangt; demgegenüber sind aus Sparsamkeitsgründen, da ohne Rangabzeichen, die restlichen Kleiderstücke beliebig aus Ost- und Westbestandteilen kombinierbar, was den Schluß nahelegt, in der Bürokratie sei das gesamtdeutsche Befinden noch am leichtesten herzustellen, hier sei ohnehin alles Jacke wie Hose.

Und wo bleibt das Positive? Es ist vorhanden, aber es zeigt sich im Augenblick weniger auf politischem Parkett oder auf den Brettern der Bühnen. Die Utopie der gelebten deutschen Einheit läßt sich auf den Aschenbahnen und auf den Rasen der Fußballstadien deutlicher vorausahnen. Der Heros der deutschen Einheit war Uwe Reinders, der westdeutsche Trainer von Hansa Rostock, solange er den mit westdeutschen Spielern verstärkten Verein an der Spitze der Bundesliga hielt. Hier sind Integrationsmechanismen am Werk, die für die wirksame Veränderung des gesamtdeutschen Massenbewußtseins mehr tun werden als jedes Hilfswerk Ost leisten kann. Welches Desaster für das innerdeutsche Einheitsstreben, wenn Rostock und Dynamo Dresden aus der Bundesliga abstiegen! Die Westvereine im Oberhaus unter sich und der

Osten zur Zweitklassigkeit verdammt: die gemeinschaftssprengende Wirkung solcher Symbole ist nur schwer kompensierbar.

Der Staat DDR ist vergangen. Zur Nostalgie besteht kein Anlaß. Dieser Staat war ein verbrecherischer Staat. Er gab vor, sich durch den Antifaschismus zu legitimieren, und nutzte schamlos jene Gesinnungen aus, die in Deutschland den Faschismus möglich gemacht hatten. Er sprach sich selbst, den Staat der überlebenden Juden negierend, von der Verpflichtung zur Wiedergutmachung an den Opfern des nationalsozialistischen Regimes frei und schuf das Klima, in dem der Fremdenhaß gedeihen mußte. Er beschwor die Internationale der Ausgebeuteten und beförderte den engstirnigen Nationalismus der neuen Privilegiertenschichten. Bedenkenlos erzwang die Kommandowirtschaft des Staates eine Ausbeutung der Natur, die ganze Landstriche unbewohnbar machte: das war der sozialistische Realismus, dahin führte der Bitterfelder Weg.

Undemokratisch von der Volkskammer bis zur Hausverwaltung und ohne republikanische Tugenden repräsentierte diese deutsche demokratische Republik ein Deutschland, das mit dem Zweiten Weltkrieg nicht unterging. Zur Nostalgie besteht kein Anlaß. Anlaß gibt es, zu erschrecken, wie sehr auch die DDR – ohne damit die Verbrechen des nationalsozialistischen

Ausrottungsregimes durch irgendeinen Vergleich nachträglich zu entschärfen – in furchtbarer Kontinuität deutscher Geschichte ein Staat der Spitzel und der Schreibtischtäter, der Rechtsbrecher und der Mitläufer war.

Es war *unser* Staat.

Es war unser Staat, denn die DDR wäre unser aller Staat geworden, hätten die Truppen der Westalliierten sich 1945 nicht auf das westliche Ufer der Elbe, sondern auf das westliche Ufer des Rheins zurückgezogen. Nicht durch eigenes Verdienst, sondern durch die Gnade der Geographie, die in den geopolitischen Kompromissen der Siegermächte des Zweiten Weltkrieges ihren Ausdruck fand, wurde die Bundesrepublik – nicht das bessere, nur das glücklichere Deutschland – früh ein Teil jener Bürgergesellschaft, zu der, hoffentlich, das ganze Europa einst zusammenwachsen wird. Nicht aus eigenem Verdienst, aus Zufall sind wir, die Westdeutschen, nicht zu Mitmachern und Mitläufern, nicht zu Spitzeln und zu Schreibtischtätern einer neuen deutschen Diktatur geworden.

Auch deshalb tut heute die Erinnerung not, daß sich die Funktionseliten der Bonner Republik zum kleinen Teil aus den Mitschuldigen, zum weitaus überwiegenden Teil aus den Mitläufern des Nazi-Regimes rekrutierten. So skandalös seine Diagnose auch klang – Hermann Lübbe hatte recht, als er in der gescheiterten

Entnazifizierung die entscheidende Voraussetzung für die gelungene Demokratisierung Westdeutschlands erblickte.

Die Strafjustiz muß ihren Gang gehen, und die Opfer der Diktatur müssen entschädigt werden. Ansonsten aber kann die Konsequenz für die – immer noch notwendigen, ganz und gar nicht abzuwiegelnden – deutsch-deutschen Streitgespräche nur lauten: Entmoralisierung der Debatte.

Glück, Zufall, Pech – es sind Kategorien, mit denen die Geschichtswissenschaft seit langem nichts anfangen kann und nichts mehr anfangen will. Und doch bleiben es Elemente der realen Geschichte, und die deutschen Zustände lassen sich angemessen nur verstehen, wenn man auch ihre Zufälligkeiten in Rechnung stellt. Der Zufall aber legitimiert nichts – weder das Ressentiment noch die Überheblichkeit. Diese trübe Mischung der Mentalitäten jedoch, dieses sich ineinander verzahnende und verbeißende Aufeinandertreffen von Ressentiment und Überheblichkeit, zweier Haltungen, die um so verbohrter wirken, da sie beide prinzipiell nicht rechtfertigungsfähig sind, prägt die deutsche Gegenwart.

Das Ressentiment geht dabei so weit, daß nicht nur den ostdeutschen Lobsängern Stalins, die heute keines Wortes der Scham fähig sind, sondern auch Intellektuellen der DDR, die den

Bürgerbewegungen nahestanden, immer noch jede Verirrung ihres Staates als bedauerliche und nicht zu rechtfertigende, aber immerhin doch verständliche Reaktion auf das politische oder ökonomische Vorpreschen der Bundesrepublik erscheint. In dieser schönenden Sicht war die Bundesrepublik das voreilige, die DDR das verspätete Deutschland. Es ist eine gefährlich einengende Perspektive, die vom Sympathiebonus für den Nachzügler, den Unterprivilegierten und den Außenseiter auch die Verantwortlichen und die Verbrecher profitieren läßt: jetzt geht man für die Mauerschützen auf die Barrikaden, und der Bluthund wird zum Underdog.

Auch der Untergang der DDR zeigt, daß das Dauerproblem der deutschen Geschichte keineswegs die Unfähigkeit ist, zu trauern. Auf das Trauern, in das sich ja in der Regel Selbstmitleid mischt, verstehen wir uns sehr wohl, und nur im Deutschen gibt es ein Pflichtgebot namens »Trauerarbeit«. Das Problem der Deutschen ist die Unfähigkeit, sich zu schämen.

Die Folgenlosigkeit einer
unerhörten Begebenheit

ÜBERHEBLICHKEIT KOMMT IN DER ÜBERZEUGUNG zum Ausdruck, die DDR sei nun einmal ein totalitärer Staat gewesen, und daher biete der Osten des vereinten Deutschland heute in keinem Bereich der Politik, in keiner Sparte der Lebenswelt, in keinem einzigen Aspekt erlebter und erlittener historischer Erfahrung eine Alternative, über die im ganzen Deutschland ernsthaft nachzudenken sich lohne.

So haben wir im Westen nach der Vereinigung nicht für einen Augenblick über alternative Formen der medizinischen Versorgung, über eine Stärkung der Berufsaussichten für Frauen oder über eine Neuordnung aller deutschen Universitäten und Hochschulen nachgedacht. Den ostdeutschen Verfassungsentwurf haben wir ungelesen auf dem Runden Tisch verstauben lassen, statt ihn zum Anlaß zu nehmen, aus dem im Prinzip bewahrenswerten Grundgesetz jene vom deutschen Volk in freier Entscheidung zu beschließende Verfassung zu machen, die sein Paragraph 146 fordert.

Ein System kollektiver Selbstsicherheit und der Geist triumphierender *caritas* breiteten sich im Westen aus: geholfen wurde vor allem dort, wo Hilfe mit gebührender Dankbarkeit oder zumindest schweigend empfangen wurde. In der Weltsicht wohlwollender Sieger, die aus einem Beitrittsgesuch eine Kapitulationsurkunde gemacht haben, schrumpfen die vierzig Jahre der DDR zur Leerstelle deutscher Geschichte. Wer so denkt, der setzt vor die ostdeutschen Postleitzahlen im Geiste kein O, sondern immer noch eine Null.

Zu den Pilgerfahrten, die die vom Visumzwang befreiten Westdeutschen jetzt unternehmen, gehört auch ein Besuch der Klosterruine Chorin. Über sie hat Theodor Fontane in den *Wanderungen* geschrieben: »Kloster Chorin ist keine jener lieblichen Ruinen, darin sich's träumt wie auf einem Frühlingskirchhof, wenn die Gräber in Blumen stehen; es gestattet kein Verweilen in ihm und es wirkt am besten, wenn es wie ein Schattenbild flüchtig an uns vorüberzieht [...]. Alles läßt uns im Stich, und wir schreiten auf dem harten Schuttboden hin, wie auf einer Tenne, über die der Wind fegte. Alles leer.«

So erscheint heute vielen die untergegangene DDR: als eine Ruine ohne Lieblichkeit, eine Sammlung von materiellen wie geistigen Trümmern, denen, wie Fontane über Chorin schrieb,

»das eigentlich Malerische« abgeht. Wieweit dieser verbreitete, aber dennoch gänzlich subjektive Eindruck der Wirklichkeit entspricht, ist eine Frage, auf die es keine Antwort gibt.

Einen Hinweis auf die Befindlichkeit der Deutschen aber erhält, wer, nach dem Durchschreiten der Klosterruine, den kleinen, verwitterten Friedhof in Chorin besucht. Auf ihm befindet sich ein rührender, ein vielleicht einzigartiger Gedenkstein. Er ist dem Angehörigen eines seltenen Berufsstandes gewidmet – einem Ruinenwärter –, und auf dem Grabstein steht: »Er liebte seine Ruine.« Hingen so auch die Bewohner dieses deutschen Landes, das aus Ruinen auferstand, nur um wieder in Ruinen zu versinken, hingen so auch die Einwohner der DDR an ihrem Land?

Ein Problem im Zusammenleben und Zusammenwachsen der Deutschen liegt darin, daß die Deutschen im Westen nicht verstehen wollen, warum die Deutschen im Osten Zuständen nachtrauern, die sie vierzig Jahre lang fliehen wollten, ohne fliehen zu können. »Das werdet ihr nie verstehen!« ist die Abwehrformel, mit der die Bewohner der DDR ihr Selbstmitleid immunisieren und zugleich versuchen, mit Hilfe eines solchen Erinnerungsprivilegs ihre Identität zu bewahren und sich selbst zu therapieren.

Die Westdeutschen aber verstehen die Schutzformel nicht und sind nicht bereit, zuzugestehen, daß die Legitimation der Erinnerung nicht von der Legitimation des Erinnerten abhängt, daß gerade eine Diktatur zur Ausbildung zutiefst unpolitischer und daher für den einzelnen hoch legitimierter Lebensstile und Verhaltensformen führt, von denen er sich überstürzt nur auf die Gefahr des Identitätsverlustes hin distanzieren kann.

Dies ist der Text einer jüngst in einer (Ost)Berliner Zeitung erschienenen Todesanzeige:

> Nach einem arbeits- und entbehrungsreichen Leben, geprägt von Krieg und Faschismus sowie unermüdlichem Engagement für Frieden und soziale Gerechtigkeit, verstarb meine liebe Mutter, unsere Omi, Genossin N. N.

Dieser Text – der in der kommunistenfreien Bundesrepublik nie hätte erscheinen können – verrät das politische Ressentiment der ostdeutschen Hinterbliebenen; die Überheblichkeit des westdeutschen Lesers aber liegt in seinem Unwillen, zu erkennen, daß sich hinter diesen parteikonformen, ihm fremden und unverständlichen Abschiedsworten ein Lebenslauf verbirgt, der eine eigene Würde und Legitimität beansprucht. Noch im Tode zeigt sich, wie anders die Deutschen in Ost und West in den letzten vierzig Jahren gelebt haben. Ressentiment und Überheblichkeit – diese Mischung der Mentalitäten prägt die deutschen Zustände der Gegenwart. Zusammenfassend lassen sie sich in Form eines Paradoxons kleiden: Womit wir es – vor allem im Westen – zu tun haben, ist die Folgenlosigkeit einer unerhörten Begebenheit.

Überpolitisierung
und Übermoralisierung

DIE FOLGENLOSIGKEIT DER VEREINIGUNG BEIDER deutscher Staaten ist im Bereich der Politik schmerzlich spürbar. Die politische Klasse der alten Bundesrepublik hat, mit wenigen Ausnahmen, aus der Vereinigung und ihren Folgen ein Festival der Selbstbestätigung gemacht. Die staatliche Einheit Deutschlands wiederherzustellen, war in der Bundesrepublik ein Verfassungsgebot und ein Pflichttopos der politischen Rhetorik, aber keinesfalls eine Orientierungsmarke der praktischen Politik. In den Schubladen der Bonner Verwaltungen lagen die Anweisungen für den Verteidigungsfall; für den Vereinigungsfall war kein einziges Szenario vorgesehen.

Von der Vereinigung der deutschen Staaten hätten Bonner Politiker, hierin ihr Wahlvolk treu repräsentierend, wie Béranger von der Republik sprechen können: Ich möchte von ihr träumen, aber ich möchte sie nicht haben. Und dann hatten sie sie doch, die deutsche Einheit, und flugs wurde ein Glückszufall deutscher Geschichte zum wohlgeplanten Resultat einer politischen, wenn nicht parteitaktischen Strategie uminterpretiert.

Eine Selbstprüfung deutscher Politik hat nicht stattgefunden. Verhindert hat sie auch der Politikverzicht der ostdeutschen Dissidenten. Perfider noch als in den Anpassungsorgien der alten Kader und in den Täuschungsmanövern eingespielter Seilschaften der SED und der PDS wirkt in diesem Verzicht auf das Herausarbeiten einer alternativen Politik das totalitäre Regime der DDR über seinen Untergang hinaus fort. Hans-Peter Krüger, Gerd Irrlitz und andere haben, aus intimer Kenntnis ihrer Herkunftsgesellschaft, beschrieben, wie sich das Regime der DDR durch eine Verzahnung von Überpolitisierung und Übermoralisierung stabil hielt. Im Kernland des deutschen Protestantismus war es stets berechtigt, wie Norman Birnbaum einmal schrieb, den Leninismus als den Calvinismus der Unterprivilegierten zu definieren.

Gestützt vom Amtsverständnis der Evangelischen Kirche und in jener Tradition deutscher Innerlichkeit, der stets mehr an selbstbestätigter Melancholie als an Macht- oder Mehrheitsgewinn liegt, verbreitete sich in der DDR eine jeder Politik gegenüber skeptische Dissidentengesinnung auf Kosten einer wirksamen Oppositionspolitik. Diese Gesinnung wurde zwar zunehmend, und oft auch unter hohen persönlichen Opfern, öffentlichkeitswirksam bekundet. Zur politischen Strategie aber wurde sie nicht.

Man nimmt dem mutigen und bewundernswerten Widerstand, der sich vor allem in protestantischen Kirchengemeinden formierte, nichts von seiner Würde und seiner Wirkung, wenn man feststellt, daß dieser Widerstand aus dem Geiste des Evangeliums seiner Tradition und seinem Selbstverständnis nach nur darauf gerichtet sein konnte, den Bekennermut der einzelnen Seele zu stärken, nicht aber darauf, die Staatsmacht zu stürzen.

Die Überpolitisierung der DDR-Gesellschaft hatte den Begriff der Politik, so schien es, auf immer entweiht; auch als die Dissidenten die Freiheit des politischen Ausdrucks gewonnen hatten, änderte sich dadurch an ihrer prinzipiellen Verachtung der Politik nichts. Schon als sie die Wahlen bereits verloren hatten, diskutierten die Bürgerbewegungen noch, ob sie sich parteiförmig organisieren sollten. Sie widerstanden dieser Versuchung – um den Preis, nichts mehr zu bewegen und damit ihre Selbstbeschreibung ad absurdum zu führen. Als die deutsche Politik endlich in Bewegung geriet, froren die Bürgerbewegungen der DDR ein, wie erstarrt angesichts der Chancen, die sich ihnen auf einmal boten. Viele ihrer Vertreter suchten Halt in einer Art von antimachiavellistischem Masochismus und pflegten selbst jene Kultur der Mißverständnisse, die sie ausdauernd beklagten.

So fehlen heute die besten Köpfe der DDR-Protestbewegung den Zentren und Schaltstellen der deutschen Politik. Es ist kein Zufall, daß die meisten von ihnen – wie Richard Schröder und Jens Reich – vornehmlich als politische Kolumnisten wirken; diese Form der regelmäßigen, wenn auch punktuellen Meinungsäußerung entspricht einem Politikverständnis, das der Privatgesinnung den gelegentlichen Ausflug in die Öffentlichkeit erlaubt, ohne sich mit der Frage zu belasten, wie eine individuelle Meinungsäußerung zur Mehrheitsmeinung werden könnte.

Die *Kolumne* – sie ist die bevorzugte Darstellungsform des Amateurs, die Politik im Kästchen, die trotzige Demonstration prinzipienfester Unverbindlichkeit. Das westdeutsche Gegenstück ist die *Enquête* – der professionelle Aberglaube, um nur ein Beispiel zu nennen, die vom Bundestag eingesetzte Expertenkommission könne fristgerecht und verbindlich ein Urteil über die DDR-Geschichte fällen und derart der Legislative zu unverbrüchlichen Prinzipien ihrer gesetzgeberischen Arbeit verhelfen.

Die Antipolitik der DDR-Protestintelligenz hat unmittelbar nach der Vereinigung ein politisches Vakuum geschaffen, und sie hat damit die von den Bonner Regierungsparteien aus wahltaktischen Gründen schleunigst eingefädelte, rückwirkende Rehabilitierung der alten Blockparteien der DDR leichtgemacht. Diese Bemerkungen sind nicht als intellektuelle Politikschelte gemeint. Es gibt mehr Grund, die deutschen Intellektuellen – in West und Ost – zu schelten: »Was sich in Deutschland ankündigt, ist der Ruin seiner Intelligenz.« Die Prognose des Franzosen Edgar Quinet, 1831 formuliert, hat mit der Vereinigung der deutschen Staaten eine neue Aktualität gewonnen.

Die Bonner Regierung hat angesichts einer unaufhaltsamen Entwicklung ein professionelles Management des historischen Wandels betrieben. Intellektuelle in Ost und West dagegen haben noch über die möglichen Folgen der vorschnellen Vereinigung lamentiert, als längst nüchterne Analysen des vollzogenen Einigungsprozesses und seiner Folgen bitter notwendig wurden. Die Geschichte raste, und die Intellektuellen traten auf der Stelle; als die Nacht des Mauerdurchbruchs zum Tage wurde, war die Avantgarde der deutschen Intellektuellen zur Nachhut geworden. Und wieder verbanden sich Ressentiment und Überheblichkeit zum Merkmal gesamtdeutscher Gegenwart.

Heuchlerisch war das Ressentiment jener Großschriftsteller der DDR, die die Konsumsucht der ostdeutschen Massen anprangerten. Statt die Kaufhäuser in West-Berlin und im Zonenrandgebiet zu stürmen, hätte die Bevölkerung der DDR sich in asketischer Wartehaltung über die Grundzüge des wahren Sozialismus von jenen Intellektuellen belehren lassen sollen, die, ob sie es wollten oder nicht, längst zu Nutznießern des falschen Sozialismus geworden waren. Die Wortführer der DDR-Kultur hatten vergessen – hatten sie es je gewußt? –, daß der Wunsch nach unmittelbarer Bedürfnisbefriedigung ein Verhaltensmerkmal der Unterschichten ist, während die Mittelklasse sich traditionell in der Verschiebung von Bedürfnisbefriedigungen übt – *deferred gratification pattern* lautet der Fachausdruck der Soziologen.

In der Aufforderung zur Konsumaskese, die sie an die Massen richtete, verriet die Kulturintelligentsia der DDR, daß sie längst jene Bourgeoisie repräsentierte, zu der zu werden sie die Restbevölkerung eindringlich warnte. Umgekehrt nutzte auch die politische Klasse der Bundesrepublik dieses Theorem, um sich von den Klagen über eine unzureichende Sozial- und Beschäftigungspolitik im sogenannten Beitrittsgebiet weitgehend zu entlasten. Mit demonstrativ gutem Gewissen predigen die Westdeutschen den Ostdeutschen Askese und Geduld: nur wer es lernt, die unmittelbare Befriedigung seiner Wünsche zu verschieben, kann einen Beitrag zur wahren Verbürgerlichung der postkommunistischen Gesellschaft leisten.

Überheblich war das schreckliche Wort vom D-Mark-Nationalismus, das westdeutsche Intellektuelle aussprachen und nachbeteten, die ihre unverbrüchliche Westbindung nicht zuletzt durch das mutige Bekenntnis demonstrierten, sie fühlten sich in Berkeley und in der Toskana heimischer als in der Lausitz oder in Halberstadt.

Es ging zu wie in einem soziologischen Experiment, und schnell zeigte sich, wie die herrschaftsfreie Kommunikation durch ein einziges Privilegiertenwort zusammenbricht. Auf einmal entdeckten Linksintellektuelle, daß sie ihre politischen Freiräume jahrzehntelang in einer muffig ertragenen Republik ausgenutzt hatten, deren verhaßtes und verdammenswertes Kürzel »Bonn« hieß. Konrad Adenauer wurde rückwirkend zum Heros dieser kleindeutschen Sozialisten, die vergessen hatten oder vergessen wollten, daß ein Konrad Adenauer seine politischen Ziele ohne einen Ludwig Erhard schwerlich hätte erreichen können.

Während so das politische System der Bundesrepublik bei ihren Altlinken rückwirkend einen auf Erinnerungsstörungen beruhenden, darum aber nicht weniger wirksamen Legitimationsschub gewann, wurde den – sicherlich mehr an den Segnungen der Marktwirtschaft als an den Pflichtsetzungen der Bürgergesellschaft orientierten – Ostdeutschen beschieden, sie hätten sich gefälligst zu verwestlichen, ohne ein zweites Wirtschaftswunder abzuwarten.

Auch mehr als zwei Jahre nach dem Fall der Berliner Mauer gilt: es hat eine bezahlbare Alternative zur Sturzgeburt der Währungsunion und zur blitzartigen politischen Vereinigung der beiden deutschen Staaten nicht gegeben – so schmerzhaft ihre psychischen und ökonomischen Folgen für das Heer der Arbeitslosen in der DDR sind, so hoch ihre Belastung für jeden deutschen Steuerzahler auch in Zukunft noch sein wird.

Ein Moratorium, das zur sanften Vereinigung der Deutschen auf dem Umweg über eine Konföderation der deutschen Staaten geführt hätte, war weder finanzierbar noch unter den dramatisch veränderten politischen Rahmenbedingungen in Europa legitimierbar. Die getrennten deutschen Staaten wären zu jenem zusätzlichen Risikoherd im Herzen Europas geworden, den Kassandra im vereinten Deutschland vorausahnte.

Mutter, wie schmeckt mir das?

BESTREITBAR ABER IST NACH WIE VOR, OB DER kulturelle Zusammenschluß und ob wissenschaftliche Anpassungsprozesse mit dem gleichen Tempo und im gleichen Rhythmus erfolgen mußten wie die Privatisierung von Betrieben und die Synchronisierung der Verwaltung. Vielleicht läßt sich die Wirtschaft der DDR nach den Direktiven einer zentralen Treuhandanstalt sanieren. Für Kunst und Wissenschaft gilt dies nicht. Vieles, was hier geschah und immer noch geschieht, erinnert an eine Kindheitsepisode in den Erinnerungen Günter de Bruyns.

Wann immer seine Mutter ihm ein neues Gericht vorsetzte, nahm der Junge einen Löffel davon und probierte ihn brav und sah darauf die Mutter fragend an: »Mutter, wie schmeckt mir das?« Auf diese typische DDR-Frage haben die Kultus- und Wissenschaftsverwaltungen der Bundesrepublik in der Regel wie aus einem Munde geantwortet: »Gut schmeckt es dir, mein Kind, gut!«

Im kapitalistischen Deutschland – dies ist ein

weiteres Paradox der Vereinigung – hat sich in Kultur und Wissenschaft ein Sanierungsdenken durchgesetzt, das grundlegende Züge des Trivialmarxismus bewahrt. Der kulturelle und wissenschaftliche Überbau der ehemaligen DDR wird als Appendix ihrer ökonomischen und politischen Basis abgetan. Die Frage des Mitbegründers des Neuen Forums, Jens Reich, ob es überhaupt etwas Bewahrenswertes in der DDR-Wissenschaft gäbe, wurde im Westen mit einem schnellen und erleichterten »Nein« beantwortet und erst spät zu einem zögernden »Vielleicht« korrigiert.

Herausgehobene kulturelle und wissenschaftliche Leistungen in der DDR anzuerkennen – beispielsweise in der Linguistik und in der Literaturwissenschaft, in der Raumfahrttechnik und in der Physik, im Editionswesen, in der Opernregie und auf dem Theater – hieße dabei nicht, eine neue deutsche Legende der inneren Emigration oder des verdeckten Widerstands zu pflegen. Aber es ist schwer einzusehen, warum Künstler und Wissenschaftler sich einer peinlichen Umerziehung unterwerfen sollen, wenn zugleich die Blockflöten politische Führungspositionen besetzen dürfen. Zu den Folgelasten der Vereinigung gehört, daß heute in Deutschland der politische Komplize und der kulturelle Mitläufer immer noch mit zweierlei Maß gemessen werden.

Während so auf der einen Seite der Trivialmarxismus als verborgenes und daher um so
wirksameres Selektionsprinzip künstlerischer
und wissenschaftlicher Leistungen überlebt,
wurde jedes marxistische Denken –in vorausei-
lender Anpassung von den einen, in nachholen-
dem Rachedurst von den anderen – proskri-
biert. Konnte früher in der DDR niemand publizieren, der nicht bereit war, zumindest im Vor-
spann seiner Schriften den marxistischen Klas-
sikern seine Reverenz zu erweisen, so soll im
großen Deutschland nun niemand mehr Gehör
finden, der nicht glaubhaft versichern kann, die
blauen Bände nur unter Zwang gekauft und für
jeden sichtbar in seinen Bücherschrank gestellt,
aber nie wirklich gelesen zu haben.

Wer diese Feststellung für übertrieben hält,
mag sich die frischen Berufungslisten an den
Hochschulen der ehemaligen DDR ansehen oder
sich von Betroffenen erzählen lassen, wie forsch
einige Kollegen aus der alten Bundesrepublik
ganze Fakultäten sanieren: wenn nicht noch ein
Wunder geschieht, werden dort hochzuach-
tende Kollegen aus dem Osten als Vorruhe-
ständler mitansehen müssen, wie bislang ar-
beitslose westdeutsche Privatdozenten endlich
zu Amt und Würden kommen und sich dabei
wie junge Pioniere fühlen. Allerdings darf nicht
verschwiegen werden, daß für diesen Zustand
auch der Widerstand der alten Seilschaften und

Apparatschiks verantwortlich ist und die weitgehende Unfähigkeit der Kollegen aus der DDR, untereinander einen Konsens über ihre fachlichen und wissenschaftsmoralischen Qualifikationen zu finden.

Um nicht mißverstanden zu werden: der dialektische wie der historische Materialismus können nur noch durch Oktroi eine Wiedergeburt erleben. Nicht nur als Reaktion auf die Gründung der westdeutschen Bundesrepublik schuf sich Stalin für seine Zwangsherrschaft im Osten Deutschlands den westlichen Vorposten; die Errichtung der DDR hatte mehr mit dem Stalinschen Imperialismus als mit der Marxschen Ideologie zu tun. Deshalb scheint es mir verfrüht zu glauben, die utopisch-humanitären Motive, die bei der Entstehung des Sozialismus im 19. Jahrhundert auch eine Rolle spielten, seien mit dem Ende der pseudosozialistischen DDR und mit dem Untergang fast aller staatssozialistischen Regime in der Welt endgültig überholt und auf immer abgetan. Auch sollte eine überzeugungssichere Wissenschaftlergemeinschaft ein geistiges Frageverbot, das aus der Tradition des Marxschen Denkens stammt, nicht imitieren und als Ausdruck intellektueller Rache nunmehr gegen marxistische Denk- und Forschungstraditionen richten.

Weil wir dem Irrtum erliegen, die Individuen und Gemeinschaften prägende Kraft einer Ideologie lasse sich im Augenblick ihres Scheiterns nachträglich für null und nichtig erklären, haben wir es im Westen versäumt, darüber nachzudenken, wie einer marxistisch geschulten Generation von Gelehrten der Übergang zu einem freien und gelassenen Umgang mit den Produkten menschlichen Denkens erleichtert werden kann. Statt dessen haben wir ein Vakuum geistiger Orientierung erzeugt, in dem die Flotten und Anpassungsfähigen mit dem Jargon der Systemtheorie auf Stellensuche gehen, während die eher Passiven sich den apokalyptischen Endzeitstimmungen und Vernebelungen der neuen religiösen Bewegungen hingeben.

Der Staatssozialismus ist endgültig am Ende; Antriebe und Motive des sozialistischen Denkens dagegen werden schon bald ihre Überlebensfähigkeit, ja ihre Überlebensnotwendigkeit beweisen. Die in Europa wie in der ganzen Welt sich zuspitzenden sozialen Konflikte, die sich aus einer Universalisierung des westlichen Lebensstils bei zunehmender Diskrepanz der faktischen Lebenslagen ergeben, werden nicht länger mehr den Sozialismus als System dem verhaßten Systemgegner, dem »Kapitalismus«, entgegensetzen.

Die Frage jedoch, ob wir nicht über die Notwendigkeit eines Sozialismus *im* Kapitalismus, ob wir nicht über eine Vorsorge für mehr Gleichheit *innerhalb* der Marktwirtschaft, die sich im Zeichen der Freiheit entfaltet, nachdenken müssen – diese Frage wird uns einholen, und sie wird sich in der Weltgesellschaft der nahen Zukunft nachdrücklicher stellen als je zuvor. Der Triumph des Kapitalismus macht seine weitere Umgestaltung zwingend – so wie die Kritik der bürgerlichen Ökonomie drängender werden wird, nachdem die *Theorien über den Mehrwert* nirgends mehr zur Pflichtlektüre zählen.

Die zwei Kulturen

ZU EINER WIRKSAMEN SELBSTKORREKTUR UND Reform waren die ostdeutschen Wissenschaftsinstitutionen nicht in der Lage. Die Berliner Universität, die sich Humboldts Namen gab, ist dafür das auffallende und abschreckende Beispiel. An der Notwendigkeit einer Beurteilung und Korrektur dieses Systems »von außen« kann daher kein Zweifel bestehen. Dieser Evaluation aber ist durch eine von der westdeutschen Ministerialbürokratie oktroyierte Sprachregelung, die mit ihren unsäglichen Begriffen »Abwicklung« und »Überführung« nahtlos an die *lingua tertii imperii* anschloß, eine schwere Hypothek auferlegt worden. Um so höher ist die Leistung des Wissenschaftsrates zu werten, der Empfehlungen zur Neustrukturierung der Forschung vorgelegt hat, die gesamtdeutschen Konsens verdienen.

Die entscheidenden, die tiefsitzenden Probleme im Vereinigungsprozeß der beiden deutschen Wissenschaftssysteme sind freilich auf administrativem Wege nicht regelungsfähig; es sind auch keine spezifisch deutschen Probleme. Mit zweierlei Maß beispielsweise wurden und werden die Wissenschaftskulturen gemessen. Geht es um die politische Verstrickung der Wissenschaften und der Wissenschaftler, so gilt für den Polymerchemiker wie für den Festkörperphysiker – bis zum Beweis des Gegenteils – die Unschuldsvermutung; der Philosoph und der Literaturwissenschaftler dagegen, die in der DDR publizieren durften, haben zu beweisen, daß sie keine Komplizen des Regimes gewesen sind.

So konnten sich die Physiker in Ost und West beinahe so schnell verbrüdern wie die Politiker von hüben mit den Blockparteien von drüben, während die Soziologen lange über komplizierten Regeln brüteten, wie mit den Aufnahmebegehren der ostdeutschen Kollegen in die westdeutschen Standesorganisationen zu verfahren sei. Auch die Skandale in der Charité, deren Name auf einmal einen ironischen Klang erhielt, änderten nichts daran, daß gegenüber Geistes- und Sozialwissenschaftlern viele Mediziner und Naturwissenschaftler der DDR sich tugendhaft gebärden, die für sich nichts in Anspruch nehmen können als die Gnade der richtigen, der unpolitischen Fächerwahl.

Auch in der DDR waren, quer durch die Disziplinen, die meisten Wissenschaftler das, wozu wir alle unter ähnlichen Bedingungen geworden wären: Mitläufer. Zu tadeln ist dafür niemand. Zurückzuweisen ist aber der Versuch, ganze Fächer und Disziplinen zu moralisieren und gegeneinander auszuspielen, wo einzig Verdienst und Verfehlung des einzelnen zählen dürfen und letztere gegebenenfalls auch rechtlich zu ahnden sind.

Die Spaltung der zwei Kulturen ist im Prozeß der deutschen Einigung und seiner Abwicklungs- und Überführungsorgien noch einmal sichtbar geworden; C. P. Snow hätte sich keine schlagendere Bestätigung seiner absurden Behauptung erhoffen können, die Drahtzieher und Schreibtischtäter der modernen Totalitarismen seien ausschließlich die Geisteswissenschaftler und die Literaten, während Natur- und Technikwissenschaftler wie stets unter der politischen Pervertierung ihrer wertfreien Fächer litten. Die Germanistik und die Philosophie gelten als Komplizenwissenschaften, von deren Vertretern die Öffentlichkeit erwartet, woran die Chemiker und Physiker nicht im Traume denken müssen: zu erklären, warum in der DDR nicht nur einzelne Wissenschaftler, sondern warum und wie ganze Fächer schuldig wurden. In der gegenwärtigen Wissenschaftsgeschichte ist »Kollektivschuld« immer noch ein Zentralbegriff.

Schuld aber ist schwer meßbar und Sühne schwierig zu vollziehen – daran liegt es, daß auch die Ostdeutschen unter sich noch lange nicht geeint sein werden. Es gab in der DDR nicht wenige Reisekader, die es sich im nichtsozialistischen Währungsgebiet (NSW) wohl sein ließen und bei der Rückkehr ihren Institutskollegen, die jahrzehntelang eingesperrt blieben, zynisch den Besuch der fashionablen Restaurants in London und Paris empfahlen, in denen sie selbst gerade ihre Devisen gelassen hatten.

Zur gegenwärtigen deutschen Malaise gehört, daß solche Verhaltensweisen kaum ahndungsfähig sind. Für die Bestrafung von Hochmut, Zynismus und Menschenverachtung ist nicht der Wissenschaftsrat zuständig, sondern das schlechte Gewissen oder die göttliche Vergeltung. Hier geht es nicht um die politische Anfälligkeit von Disziplinen, sondern um die alltägliche Lebenswelt in Institutionen, die sich den Zwängen eines totalitären Staates anschmiegten. Hier geht es nicht um den Kadavergehorsam der Deutschen, sondern um die Korrumpierbarkeit des Menschen.

Weil es um anthropologische Peinlichkeiten und um die Komplizenschaft einer ganzen Generation geht, wird sich dieses Problem auch erst nach einer Generation lösen lassen. So wie Max Planck feststellte, wissenschaftliche Paradigmen stürben erst mit ihren Vertretern ab, werden auch Verhaltensweisen und Verirrungen des DDR-Totalitarismus im Wissenschaftsbetrieb erst dann verschwunden sein, wenn die gegenwärtige Ordinariengeneration emeritiert worden ist. Worum es im Osten jetzt vor allem geht, ist die Auffüllung des Elitenvakuums.

Auf bundesdeutscher Seite liegt, wie in der Politik, das Hauptproblem im Prozeß der wissenschaftlichen Vereinigung darin, daß er westlich der Elbe zu Besinnung und Korrektur keinen Anlaß gegeben hat. Schon Sparsamkeitszwänge hätten es beispielsweise nahegelegt, auch in der alten Bundesrepublik eine Bestandsaufnahme, eine Evaluation und dann eine Straffung und Reduktion der existierenden Forschungsinstitutionen und ihres Personals vorzunehmen; es gibt bei uns genug davon, die sich vor allem durch die Stabilisierung ihrer Mittelmäßigkeit hervortun. Hier lag eine große Chance der Vereinigung. Rechtliche Gründe hätten einem solchen gesamtdeutschen Evaluierungsprozeß nicht im Wege gestanden. Nicht der Westen hätte den Osten, das vereinte Deutschland hätte sich selbst geprüft.

Diese Chance gesamtdeutscher Selbstprüfung, die nur recht und außerdem noch billig gewesen wäre, ist vertan. Oder gibt es Versuche, die Blaue Liste der von den Ländern und vom Bund bisher gemeinsam geförderten Forschungseinrichtungen ernsthaft im Blick auf ihre vergangenen Leistungen und ihre Zukunftsperspektiven zu überprüfen? Sind die

Kultus- und Wissenschaftsverwaltungen auch nur eines alten Bundeslandes entschlossen, eine Evaluation ihrer Universitäten und Forschungsinstitute, ihrer Chöre, Orchester und Theater vorzunehmen? Vielleicht wird das zusammenwachsende Berlin, gezwungenermaßen, die Ausnahme bilden.

Da es noch nicht einmal Ansätze zu einer solchen Selbstprüfung gegeben hat, ist der fatale Eindruck entstanden, vor allem im Wissenschaftsbereich vollziehe sich der Einigungsprozeß als eine Kombination von radikaler Säuberung auf der einen, von schamloser Selbstreinigung auf der anderen Seite. Während im Ausland – ich denke an die USA, an Schweden und an Frankreich – von engagierten und hochgeachteten Gelehrten das Gespenst einer neuerlichen Gleichschaltung der deutschen Hochschulen beschworen wird, beklagen die, die in der DDR zu Opfern wurden, die Laschheit der westdeutschen Evaluierer und ihren mangelnden Rachedurst. Das bequeme Laissez-faire ist in der Tat die Kehrseite der Überheblichkeit. Von den Opfern des DDR-Regimes wird daher den Wissenschaftsprüfern aus der Bundesrepublik der Unwille vorgeworfen, die inneren Zustände an den wissenschaftlichen Einrichtungen der DDR überhaupt zur Kenntnis zu nehmen: Rien comprendre, c'est tout pardonner.

Die gestohlene Revolution

REVOLUTIONSNEID UND AUS RESSENTIMENT ge-
borene Revolutionsschelte gehören, vor allem
im Blick auf das benachbarte Frankreich, seit
1789 zu den Leitmotiven der deutschen Geistes-
geschichte. Die deutsche Bewegung, die der Bis-
marckschen Reichsgründung um einhundert
Jahre vorausgeht, ist eine Bewegung der Dichter und Denker; in selbstbewußter Distanz zu
Frankreich will sie eine geistige Revolution
vollbringen, die weiter trägt als jeder politische
Umsturz. Beim Ausbruch des Ersten Weltkrieges jubilieren die deutschen Intellektuellen,
mitgerissen von der allgemeinen Kriegsbegei-
sterung, seit 1789 habe es keine solche Revolution in Europa mehr gegeben. Zwei Jahre da-
nach gingen mit den Hunderttausenden, die der
Ausblutungsstrategie des deutschen General-
stabs zum Opfer fielen, vor Verdun auch die
»Ideen von 1914« zugrunde.

Seinen ironischen und dennoch sehnsuchts-
vollen Ausdruck hat dieser Revolutionsneid in
Heinrich Heines Abhandlung *Zur Geschichte der*

Religion und Philosophie in Deutschland gefunden, die er 1834/35 in Paris verfaßte. Sie endet mit der Vision eines urdeutschen, durch die Kraft der Gedanken und die Macht der Philosophie bewirkten Umsturzes, dem gegenüber die Französische Revolution als harmlose Idylle erscheint: »Wenn Ihr dann das Gepolter und Geklirre hört, hütet Euch, Ihr Nachbarskinder, Ihr Franzosen, und mischt Euch nicht in die Geschäfte, die wir zu Hause in Deutschland vollbringen. Es könnte Euch schlecht bekommen [...]. Der Gedanke geht der Tat voraus, wie der Blitz dem Donner. Der deutsche Donner ist freilich auch ein Deutscher und ist nicht sehr gelenkig, und kommt etwas langsam herangerollt; aber kommen wird er, und wenn Ihr es einst krachen hört, wie es noch niemals in der Weltgeschichte gekracht hat, so wißt: der deutsche Donner hat endlich sein Ziel erreicht.« Die geistigen Wegbereiter des Faschismus durften sich ob ihrer Wirksamkeit geschmeichelt fühlen, als Adolf Hitler glaubte, sich an den Franzosen auch dadurch rächen zu können, daß er die nationalsozialistische Bewegung als deutsche Revolution propagierte, die mit unerhörter Gewalt ganz Europa mit sich reißen würde.

In der gesamtdeutschen Begeisterung für den gewaltfreien Gesinnungsprotestantismus, der im Herbst 1989 die Sachsen und die Thüringer auf die Straßen trieb, verbarg sich auch das triumphierende Gefühl, den revolutionären Vorsprung der Franzosen nicht nur endlich aufgeholt, sondern das glorreiche 1789 nach zweihundert Jahren – anders, als Heine es vorausahnte, ganz anders, als Hitler es wollte – noch übertroffen zu haben: stellvertretend für alle Deutschen war in der DDR eine Revolution ohne *terreur* gelungen.

Im Verhalten vieler DDR-Intellektueller, in ihren Symbolsetzungen und Pathosformeln werden Konstanten dieser deutschen Revolutionssehnsucht sichtbar. Am 4. November 1989 kündete die von Künstlern und Schriftstellern organisierte Großdemonstration in Ost-Berlin den Fall des Ancien Régime an. Intellektuelle fühlten sich auf einmal als *philosophes*, die zeitlebens auf die Revolution hingearbeitet hatten; die »Intellektuellenpolitik«, von der die französischen Aufklärer einst träumten, schien in einem erneuerten sozialistischen Deutschland Wirklichkeit zu werden. Heute wiederholen diese Intellektuellen die Klage enttäuschter Aufklärer, sie hätten die Revolution gemacht und würden nun von denen verachtet, die von ihren Folgen profitierten.

Denn am 9. November führte die überstürzte, ungeplante und gewiß auch auf eine Konspiration innerhalb der Nomenklatura zurückgehende Öffnung der Berliner Mauer zum Kollaps der Deutschen Demokratischen Republik. Ohne revolutionären Umweg war der Weg zur deutschen Einheit frei geworden.

Wäre es nur gelungen – so tönt die Klage vieler Intellektueller der DDR, in die die Altlinken der Bundesrepublik einstimmen –, die Anarchie und das Chaos des 9. November und damit die vorschnelle Vereinigung der beiden deutschen Staaten zu verhindern, hätte man unverzüglich damit begonnen, östlich der Elbe den wahren Sozialismus aufzubauen. So aber degenerierte, was zu einer wahren Revolution unter Anleitung der intellektuellen Avantgarde hätte werden können, zur bloßen Implosion eines Regimes und zur Selbstaufgabe des zweiten deutschen Staates.

Die deutsche Einheit hat nicht nur den Aufbau des wahren Sozialismus verhindert, sie hat den deutschen Geistesarbeitern auch die Möglichkeit genommen, endlich ihr revolutionäres Defizit zu begleichen. Wer die Einheit wollte, war ein Konterrevolutionär, wer sie beförderte, beging eine Sünde wider den Geist. »Haltet den Dieb!« rufen vereint Stefan Heym und Günter Grass – deutsche Möchtegern-Jakobiner, denen die Revolution gestohlen wurde.

Deutsch an diesem Jammer ist nicht zuletzt sein provinzieller Klang. Die Französische Revolution entfaltete ihre weltweite Sprengkraft, weil sie ihren ungestümen Veränderungswillen nicht auf ein Territorium beschränkte. Robespierre glaubte, in der Revolution vollziehe sich nichts weniger als eine anthropologische Mutation, und die Franzosen, eine neue Spezies, eilten der Entwicklung des ganzen Menschengeschlechtes voraus. Die Französische Revolution war nicht nur französisch oder europäisch, sie war universal.

Die deutsche Revolution von 1989 sollte nach dem Wunsch ihrer intellektuellen Wortführer lediglich den reformierten Sozialismus in einem Land, im kleinen deutschen Teilstaat, konservieren; die renovierte DDR sollte einen neuen deutschen Sonderweg beschreiten. In Leipzig und in Ost-Berlin träumten wie Geisterseher die Dichter und Denker noch von ihrer sozialistischen Utopie, als man in Moskau und in Leningrad, das sich seines Namens zu schämen begann, schon über die Nato-Zugehörigkeit des wiedergeborenen Rußland nachdachte.

Der Zusammenbruch der DDR wurde weder von einer oppositionellen Gewerkschaft befördert noch von Intellektuellen vorbedacht. Es war ein Zusammenbruch, den niemand mehr aufhalten konnte, nachdem die Sowjetunion an die Grenze ihrer ökonomischen Überlebensfähigkeit und ihres politischen Überlebenswillens gekommen war und die reformkommunistische ungarische Regierung daraus die mutige Konsequenz zog, Freiheitsberaubung mit Freizügigkeit zu beantworten.

Ein revolutionäres Aussehen gewann der Zusammenbruch der DDR einzig durch die couragierte *levée en masse*, die Hunderte und schließlich Tausende in die Botschaften von Prag und Budapest fliehen ließ, die Tausende und schließlich Hunderttausende beharrlich und ohne Anwendung von Gewalt auf die Straßen von Dresden und Leipzig trieb. Beschleuniger dieses Zusammenbruchs waren, mit wenigen Ausnahmen, keine Intellektuellen. Im Gegensatz etwa zur Tschechoslowakei waren Künstler, Professoren und Studenten in der DDR keineswegs die Speerspitze der Revolte. »Wir sind das Volk« war in der Tat der passende Schlachtruf dieser Massen, der an Emile Zolas Leitspruch denken ließ, daß ein gutgebauter Satz bereits eine gute Tat ist.

Der Satz war gut gebaut – doch nicht für alle verständlich. Die Intellektuellen der DDR bewunderten diesen Satz – und mißverstanden ihn völlig. Sie lasen aus ihm den Wunsch nach Verwirklichung eines sozialistischen Traums heraus, während sich darin in Wahrheit die Absage an jede sozialistische Utopie ausdrückte.

Es ist für die Intellektuellen der DDR schmerzlich, an diese Fehleinschätzung erinnert zu werden. Was die Dinge noch schlimmer macht: Intellektuelle hatten sich hier auf dem Feld ihrer ureigensten Kompetenz geirrt. Sie hatten weder eine politische Struktur verkannt

noch falsche ökonomische Voraussagen abgege-
ben. Sie hatten die Bedeutung von Worten mißverstanden. Der Mißerfolg der Intellektuellen in
der DDR war weder das Pech von Amateur-Poli-
tikern noch der Fehlschluß von Feierabend-
Ökonomen, es war das Desaster der interpretie-
renden Klasse.

Thomas Carlyle beschrieb, wie im 19. Jahrhundert die soziale Unterprivilegierung des Intellektuellen seine Fähigkeit zur gesellschaftli-
chen Einflußnahme steigerte. Der *man of letters*,
dieser Heros der Moderne, konnte so wirksam
werden, weil er sich der Macht bewußt entfremdet hatte und zum Mitglied eines neuen
Bettelordens geworden war. Diese Einsicht hat
im 20. Jahrhundert eine neue Aktualität gewonnen.

Sozialismuskritische Intellektuelle in Polen,
in Ungarn, besonders aber in der Tschechoslowakei, wurden auch zu modernen Helden, weil
das kommunistische Regime sie zwang, zu Angehörigen der Arbeiterklasse zu werden und als
Nachtwächter und Heizer, als Taxifahrer und
als Handlanger ihr Brot zu verdienen. Es gehört
zur Ironie der jüngsten Geschichte, daß Arbeiter
des Geistes, Entfremdete des Überbaus, es waren, die die Basis des Staatssozialismus unter-
minierten und ihn schließlich zum Einsturz
brachten. In der DDR lebten viele Intellektuelle
unter bescheidenen Lebensumständen, aber sie

waren keinesfalls arm. Ein Protestantismus des Geistes prägte ihre Mentalität, aber ihre Produktionsbedingungen wurden nicht vom Mangel, sondern wesentlich von Subventionen bestimmt. Die Intelligenz wurde versorgt und damit demoralisiert.

Mit bewundernswerten Ausnahmen – wie der des Liedermachers Wolf Biermann, des Philosophen Rudolf Bahro, des Physikers Robert Havemann oder des Schriftstellers Erich Loest – wurden Künstler und Wissenschaftler in der DDR nicht zu Dissidenten. Zu Opfern, die Jahre in den Gefängnissen der DDR verbrachten, wurden dagegen auch Intellektuelle wie Walter Janka und Wolfgang Harich, die bis heute nicht als Dissidenten angesehen werden wollen, sondern als Oppositionelle innerhalb eines untergegangenen, in seinen utopischen Ansprüchen aber immer noch bejahten kommunistischen Systems.

Als er sich, bereits siebzigjährig, an die Dreyfus-Affäre erinnerte, schrieb Julien Benda, er habe sie für sich und die Angehörigen seiner Generation als einen wahren Glücksfall angesehen. Selten habe der Intellektuelle die Gelegenheit, an einem Scheidepunkt des geistigen Lebens eine eindeutige Wahl treffen zu müssen, die ihm eine unverwechselbare und bleibende Klarheit über den eigenen Standort verschaffe. Benda wünschte sich eine Dreyfus-Affäre in

Permanenz, damit jeder Intellektuelle in diese Entscheidungssituation gerate.

Intellektuelle, die in der DDR blieben oder bleiben durften, litten an zu geringem Entscheidungsdruck: sie lebten in einer Kultur unklarer Alternativen. Sie hätten ihre Dreyfus-Affäre haben können – 1953, 1956, 1968 –, aber die Mehrzahl von ihnen gab sich, bestenfalls, mit Protestäußerungen zufrieden, die weder den Bestand des Systems noch auf Dauer ihre eigenen Privilegien gefährdeten.

Mit Euch war Staat zu machen!

UNTER DEN KULTURSCHAFFENDEN IN UNSEREM
Land blühen die Mythen und wachsen die Mißverständnisse: Der Börsenverein des Deutschen
Buchhandels übergibt den Alfred-Kerr-Preis an
das *Neue Deutschland*, das ganz das alte geblieben ist, und die Bewohner Weimars müssen sich
vom Herausgeber der Zeitschrift *Capital* über
Goethe als ihren Zeitgenossen belehren lassen.
Hartnäckig hält sich unter DDR-Intellektuellen
das Gerücht, das Regime der SED und ihrer Va-
sallenparteien sei letztlich an der Widerstands-
kraft seiner Literaten und Filmschauspieler, an
der Opposition seiner Regisseure und Dirigen-
ten gescheitert. Auf einmal will jeder Autor, wie
ein aufmüpfiger Leser des Handbuchs von Leo
Strauss *Persecution and the Art of Writing*, nur
zwischen den Zeilen geschrieben haben: dort
hätten die Mächtigen ihr Menetekel erblickt.

Hier hat es der westdeutsche Beobachter
leicht. Er muß nicht vom eigenen Standort aus
urteilen, der frei von jedem Risiko war und daher Schuldsprüche nicht zuläßt. Er kann, er darf

vergleichen. Und im Vergleich mit den polnischen Intellektuellen, die gemeinsam mit Soli-
darność streikten und auf die Straße gingen, im
Vergleich mit der Katakombenkultur in Prag
und Preßburg sowie der wirkungsvollen Dissi-
denten-Emigration der Ungarn fällt das Urteil
eindeutig aus. Die Intellektuellen in der DDR haben, mit Ausnahmen, das staatssozialistische
Regime nicht bekämpft: sie haben es geflohen
oder, in beflissener Kollaboration oder mürri-
scher Anpassung, seine Subventionen erduldet.
Und wenn sie in den Jahrzehnten, die die DDR
existierte, etwas lernten, so war es die Kunst,
beherrscht zu werden.

Verräterisch ist die Trauer über die glänzen-
den Bedingungen, unter denen die Kulturschaffenden in der DDR arbeiten konnten, weil darüber vergessen wird, daß diese Kulturübungen
zur Legitimation des Unrechtsstaates einen entscheidenden Beitrag leisteten. Schamlos ist die
nachtragende Trauer der Kulturfunktionäre, die
von den Machthabern der DDR ausgehalten
wurden; sie erinnert in Haltung und Wortwahl
an das Lob seiner »großartige[n] Bereitschaft für
Dinge der Kunst«, das Gottfried Benn dem NS-
Staat spendete, als er sich von ihm noch kor-
rumpieren ließ.

»Für unser Land!«, so hieß das Manifest der
Intellektuellendämmerung in der DDR. Da
wollte, in den fünf glorreichen Tagen vom 4. bis

62

zum 9. November 1989, so mancher den Emile Zola spielen. Aber es war, als ob Zola sein »J'accuse« herausgeschrieen hätte, als der Hauptmann Dreyfus bereits rehabilitiert und von der Dritten Republik, die ihn einst verbannte, zum Ritter der Ehrenlegion gemacht worden war.

Nein, diese Intellektuellen – von Stephan Hermlin bis Heiner Müller – waren keine Dissidenten, und wir Westdeutschen, die wir nicht in Versuchung geführt wurden, sollten ihnen Feigheit nicht vorwerfen. Aber wenn sich, bis hin zu den Funktionären und zum Vorsitzenden des Schriftstellerverbandes, Gruppierungen der Intelligenz, die sich gestern noch ihrer Nähe zur Nomenklatura rühmten, auf einmal geschlossen als innere Emigranten und als Mitglieder der DDR-Résistance zu erkennen geben, muß ihnen kühl entgegnet werden: »Mit Euch war Staat zu machen!«

Atemberaubend war es, wie schnell viele kulturelle Einrichtungen in der DDR zusammenbrachen. Dafür war nicht nur eine eingewachsene Subventionsmentalität verantwortlich, die sich nicht rechtzeitig auf Marktmechanismen umstellen konnte. Verantwortlich dafür war auch die Tatsache, daß in der DDR die Performanzkultur in der Regel wichtiger war als die Kompetenzkultur: meist war die Aufführung aufschlußreicher als das Stück, die Inszenierung origineller als die Oper, das Programmheft aufregender als der Text, der Darsteller interessanter als der Autor und das gesprochene bedeutungsvoller als das geschriebene Wort.

Die zentrale Stellung eines Heiner Müller, des vielleicht wichtigsten Repräsentanten der DDR-Spätkultur, beruhte nicht zuletzt darauf, daß hier ein Autor auf der Bühne und im Leben sich permanent selbst inszenierte, ein Genie der Autopoiesis, das seine anarchistischen Grundüberzeugungen mit sozialistischem Vokabular zu Hause heimisch und anerkennungsfähig und zugleich für das Ausland exotisch und attraktiv machte.

Eine orale Kultur erkauft sich ihre hohe Flexibilität und Spontaneität mit einer Minderung ihrer Überlieferungschancen. Das Vorherrschen einer oralen Kultur hat auch dazu geführt, daß die Bewohner der DDR nach der Vereinigung ihren Halt weniger in Institutionen als in der erzählenden Vergewisserung lange miteinander geteilter, im vereinten Deutschland obsolet gewordener Lebensweisen und Verhaltensstile finden. Sie boten die Schlupfwinkel im Alltag des Regimes, und von daher ist es verständlich, daß die Ostdeutschen mit Abscheu und Nostalgie zugleich an ihre Vergangenheit denken.

Gegenüber diesem Sichfestklammern an der Erinnerung, das notwendigerweise im Laufe der Zeit immer schwächer werden muß, fiel die Urteilshast der westdeutschen Intelligenz auf

und ihre Unfähigkeit, in der kritischen Rückbe-
sinnung auf die DDR-Vergangenheit den Betroffenen den Vortritt zu lassen. Wir im Westen wollen, vor allem in den hastigen Feuilletons, immer alles schnell und immer alles besser machen.

Natürlich wurde es Zeit, die Selbst- und
Fremdverklärung einer Christa Wolf kritisch zu
überprüfen. Aber warum mußte dies so überstürzt und mit der Gründlichkeit eines Ab-
bruchunternehmens geschehen – und in Ver-
drängung des peinlichen Tatbestandes, daß
Christa Wolf nicht zuletzt von der bundesdeutschen Kritik stets ästhetisch überschätzt und in
ihrer politischen Oppositionsrolle überstilisiert
worden war? In dieser Auseinandersetzung
hätte der Takt geboten, den Ostdeutschen den
Vortritt und die Chance zu einer freien Diskus-
sion unter sich zu lassen. Oder man hätte auf
das Wort eines klugen Beobachters wie Peter
Demetz warten können, der aus der Ferne und
ohne Aufgeregtheit den Pseudosozialismus der
DDR-Intellektuellen als letzten Hort des deutschen Protestantismus offenlegte.

Wie wirksam wäre eine Strategie, die die Un-
säglichkeiten eines Hermann Kant der Abrech-
nung mit jenen Schriftstellerkollegen aus der
DDR überläßt, die er einst kujonierte – statt in
die offene Falle des Marktes zu tappen und mit
hochgespielter Entrüstung und jener Talkshow-

Geilheit, die sich als Informationsbedürfnis tarnt, seine Memoiren zu einem Bestseller zu machen!

Heute solidarisieren sich daher die Opfer zunehmend mit den Tätern, und gerade die kritischen DDR-Intellektuellen machen gegen eine Strategie der westdeutschen Vergangenheitsbewältiger mobil, die ihnen auch noch die Reste ihrer liberalen Identität rauben will. Anders als im Bereich der Politik und der Wirtschaft wäre bei der Bilanzierung der Wissenschafts- und Kulturleistungen der DDR ein Moratorium nützlich, wäre es möglich gewesen. Aber Takt und Abwartenkönnen sind nun einmal keine wesentlichen Bestandteile des deutschen Nationalcharakters.

Die Illusion der Gemeinschaft und die Tugend des Takts

DER VON DEN NAZIS VERJAGTE HELMUTH PLESSner hat mit dem 1935 geprägten Schlagwort von der »verspäteten Nation« die Debatte über den Sondercharakter der deutschen Geschichte bis heute bestimmt. 1924 bereits hatte er ein ebenso faszinierendes wie erschreckendes Buch geschrieben, dessen Titel – *Grenzen der Gemeinschaft* – auch nach fast siebzig Jahren eine Möglichkeit bietet, die deutschen Zustände der Gegenwart in schlagwortartiger Zuspitzung zu skizzieren.

Zu einer Zeit, da die Weimarer Republik noch hoffen durfte, nicht nur Legitimität, sondern auch Anerkennung zu finden, warnte Plessner die Deutschen vor einer Sentimentalisierung der Politik, vor jener Dialektik des Herzens, die sich die Hoffnung nicht austreiben lassen will, »daß einmal überall mit offenen Karten gespielt werden kann und Offenheit, Ehrlichkeit, Brüderlichkeit auf der Erde herrschen«. Gegenüber diesem Wahrheitsradikalismus des unbedingten Strebens nach Gemeinschaft beschwor Helmuth Plessner die Lebensorientierung an Tugenden, die, historisch gesehen, adligen Ursprungs sind, dann aber zu den Vorzügen der Bürgergesellschaft wurden. Dazu zählte nicht zuletzt die Tugend des Takts.

Takt, sagt Plessner, »ist die Bereitschaft, auf die[se] feinsten Vibrationen der Umwelt anzusprechen, die willige Geöffnetheit, andere zu sehen und sich selber dabei aus dem Blickfeld auszuschalten, andere nach ihrem Maßstab und nicht dem eigenen zu messen. Takt ist der ewig wache Respekt vor der anderen Seele und damit die erste und letzte Tugend des menschlichen Herzens.« Als die großen Gefahren deutscher Politik beschwor Helmuth Plessner den Kommunismus als Lebensgesinnung und den Radikalismus der Gemeinschaft.

In der DDR wurde allen Bürgern der Kommunismus als Lebensgesinnung verordnet. Auf diesen Oktroi wiederum reagierten große Teile der Bevölkerung, vor allem aber die Dissidenten der DDR, mit einem eigenen Gemeinschaftspathos, das nicht zuletzt in der Evangelischen Kirche institutionellen Halt fand. Jetzt aber ist nicht nur die kommunistische Ideologie am Ende; die Gemeinschaftserwartungen aller DDR-Bewohner werden in einer politischen Kultur enttäuscht, die sich marktförmig organisiert und die nicht die Wärme einer Gesinnungsgemeinschaft ausstrahlt, sondern auf kühlen Ausgleich der Interessen abzielt, die nicht Grundsatzentscheidungen erstrebt, sondern Kompromisse auf Zeit erzielen möchte.

Gemeinschaft wurde in der DDR allenthalben gepflegt – entweder als von oben verordnete, aktivistische Ideologie oder als private, weitgehend passive Lebensform. Jetzt lernen die Ostdeutschen die Grenzen der Gemeinschaft kennen. Erhofft hatten sie sich von der Wiedervereinigung Brüderlichkeit und die »geheimnisvolle Gleichgestimmtheit der Seelen«, und was sie nun kennenlernen, ist die Kälte des Konkurrenzprinzips.

Das Ressentiment der Ostdeutschen ist ein Resultat übertriebener Hoffnung auf Gemeinschaft: hieraus mehr noch als aus den schwierigen wirtschaftlichen Lebensumständen und den diffusen Lebenserwartungen erklärt sich die Apathie, die mehr als ein Jahr nach der Vereinigung der beiden deutschen Staaten immer noch weite Teile der ostdeutschen Bevölkerung lähmt. Ihr wäre vor allem mit der Tugend des Takts zu begegnen. Statt dessen prägen Ressentiment und Taktlosigkeit die deutschen Zustände der Gegenwart.

Takt ist eine Haltung, die aus bewährter Verhaltenssicherheit ihre Kraft gewinnt: Taktlosigkeit ist daher auch die Aufdeckung innerer Unsicherheit. Das vereinte Deutschland, so steht zu befürchten, ist immer noch, ist nun wieder, in seinem Selbstgefühl und Selbstbewußtsein, ein schwankender Staat, der – wie so oft in unserer Geschichte – in der Flucht nach vorn und in Überkompensationen sein Heil suchen wird. Die ersten Anzeichen dafür sind unübersehbar.

Ende der Emigration
und neue Entfremdung

Aus westdeutscher Sicht sind Traditionskerne der deutschen Wissenskultur heute nur noch in Mischformen vorhanden. Dies ist eine Spätfolge des Nationalsozialismus: die Unterdrückung von Disziplinen und die Vertreibung vor allem jüdischer Gelehrter haben zu einer Vermengung deutscher und vorrangig angelsächsischer Wissensbestände geführt, die nationaltypische Ausfilterungen kaum mehr gestattet. Unvorstellbar ist es, daß ein französischer Autor erst auf dem Umweg über das Ausland in seiner Sprachheimat zum Klassiker wird, wie dies nach dem Zweiten Weltkrieg mit Max Weber geschah.

Die vertriebenen deutschen Künste und Literaturen, die Geistes- und Sozialwissenschaften wurden in der Fremde nicht einfach gespeichert; sie konnten in einem ganz anderen intellektuellen Milieu nur durch aktive Anpassung überleben. Georg Simmel fiel es noch leicht, den Pragmatismus sofort als die Summe dessen zu entlarven, was sich die Amerikaner aus Nietzsche geholt hatten – nach dem Zweiten Weltkrieg kehrten viele deutsche Traditionen in nur schwer durchschaubarer Verkleidung an ihren Ursprungsort zurück.

In der Bundesrepublik hat die durch Vertreibung, Emigration und Rückwanderung erzwungene frühzeitige Internationalisierung vieler Disziplinen und Wissensbereiche deren intellektuelle Konkurrenzfähigkeit gesteigert. Sie hat schon früh eine kulturelle »Westorientierung« bewirkt, die die Integration in das politische Bündnis vorwegnahm und später zu seinem inneren Halt entscheidend beitrug.

Dabei war die Blockloyalität der Bundesrepublik auch für ihr kulturelles Selbstverständnis prägend, während der Bündniszwang, dem sich die DDR unterwerfen mußte, im Hinblick auf kulturelle Innovationen fast folgenlos blieb. Einer Verwestlichung, das heißt weitgehend einer Amerikanisierung der bundesdeutschen Kultur entsprach in der DDR keine wie immer geartete Veröstlichung oder Russifizierung. Während im Westen das *broken English* unverzüglich zur *lingua franca* der bundesdeutschen Touristen wurde, demonstrierten die in das sowjetische Imperium eingesperrten Ostdeutschen ihren Widerspruchsgeist dadurch, daß sie sich weigerten, Russisch zu lernen. Im Westen internationalisierten sich die geistigen Traditionsbestände, und viele kulturelle Selbstverständlichkeiten wurden entdeutscht; im Osten sang man gezwungenermaßen die Internationale und blieb provinziell. Die sozialistische DDR wurde zum Rückzugsgebiet deutscher Innerlichkeit.

Es wird Zeit, die Folgen für den Geisteshaushalt der DDR-Intelligenz zu berechnen, die aus der Tatsache resultieren, daß im deutschen Staat der Arbeiter und Bauern lange Zeit kein Literaturwissenschaftler Kafka, kein Philosoph Wittgenstein, kein Soziologe Max Weber und kein Psychologe Sigmund Freud unbefangen lesen, von diesen Autoren lernen und das Werk dieser Autoren Studenten lehrend vermitteln konnte. Vom Territorium der ehemaligen DDR, die sich so gerne als Leseland preisen ließ, wurde – hier darf man die Jahre von 1933 bis 1989 zu einer einheitlichen Zeitspanne zusammenfassen – über ein halbes Jahrhundert lang die künstlerische und wissenschaftliche Moderne ausgesperrt.

Emigration und Rückwanderung haben die geistigen Auseinandersetzungen im Westen Deutschlands entscheidend beeinflußt. Hinzu kam, daß das, was moralisch bedenklich war, sich intellektuell als Vorteil erwies: die mißlungene Entnazifizierung, der Widerstand gegen die Reeducation und die damit verbundene Rehabilitierung der geistigen Eliten. Die spannungsreichen Kontroversen der Gebliebenen und der Vertriebenen, der Mitläufer und der Emigranten, der Kollaborateure und der Widerständler trugen dazu bei, Kunst und Wissenschaft in der Bundesrepublik spezifisch innovative Züge zu verleihen, die sie international anschlußfähig machten. Es genügt, in der Philosophie an eine Konstellation von Denkern wie Jaspers, Heidegger, Karl Löwith und Hannah Arendt zu erinnern, in den Sozialwissenschaften an die Provokationen zu denken, die Arnold Gehlen, Helmut Schelsky, Adorno und Helmuth Plessner auslösten – zu wechselseitigem Abscheu und wechselseitiger Faszination zugleich.

Bis heute weigern sich die Westdeutschen, im Bekenntnis der DDR zum Antifaschismus mehr als eine Propagandafloskel zu sehen. Aber auch wenn die Geschichte der DDR nicht durch ihren Antifaschismus zu legitimieren ist, auch wenn die Säuberungspraktiken von Willkür geprägt waren, auch wenn schnell sichtbar wurde, daß in der DDR das Nazipersonal verschwand, während Strukturen überlebten oder neu entstanden, die wiederum die autoritäre Persönlichkeit hervorbrachten – das vereinte Deutschland könnte eine Gemeinsamkeit der politisch-moralischen Orientierung auch dadurch finden, daß es an den Antifaschismus der frühen DDR anknüpft.

Die geistigen Kollaborateure der Nazizeit

wurden aus der Ostzone und der DDR vertrieben oder dort mundtot gemacht, und Mitläufer durften den Mund nur auftun, um ihre gelungene Umerziehung zu demonstrieren. Daß die Amerikaner im Westen Deutschlands mit dem Versuch der Reeducation letztlich scheiterten, ehrt sie im Rückblick. Den Deutschen wurde damit früh ein Beispiel politischer Liberalität – zu der auch kluge Resignation und die Fähigkeit zur Selbstkorrektur gehören – geboten, an dem die neue Demokratie sich orientieren konnte. Daß dagegen die Russen glaubten, die Umerziehung der Deutschen mit totalitären Mitteln erzwingen zu können, gab ihrer Herrschaft jene Illusion der Legitimität, an der sie, wenn auch erst nach Jahrzehnten, scheiterte.

Die DDR versuchte, mit der Entnazifizierung Ernst zu machen. Was aber moralisch geboten erschien, erwies sich intellektuell als Nachteil. Im Unterschied zur Bundesrepublik sind in der DDR Vertreibung und Rückkehr für wissenschaftliche und kulturelle Innovationen weitgehend folgenlos geblieben. Anna Seghers, Friedrich Wolf und Arnold Zweig verhalfen dem sozialistischen deutschen Staat zu moralischer Reputation und repräsentierten ihn mit intellektueller Würde – wie Friedrich Wolf von 1949 bis 1951 als Botschafter in Warschau –, aber sie verliehen ihm keinen frischen intellektuellen Glanz.

Brecht war die Ausnahme, aber auch er profitierte im wesentlichen von seinen früheren Erfolgen, wurde immer mehr Prinzipal und Schulenbildner und trat als Autor zurück. Ein Staat, dessen Kulturproduktion im Rahmen des sozialistischen Kanons vor allem aus Erbpflege bestand, brauchte gediegene Aushängeschilder. Dafür waren die zurückgekehrten Emigranten gut – deren Verstrickung in die Moskauer Säuberungsrituale von 1936, die heute einen aufrechten Kommunisten wie Walter Janka von der »Selbstzerstörung der Intelligenz« sprechen lassen, damals noch unbekannt war oder jedenfalls nicht thematisiert werden durfte.

Unmittelbar nach dem Kriege galten die kommunistischen Emigranten als sakrosankt. Sie stellten ihre Gesinnung zur Verfügung; niemand durfte sie herausfordern, niemanden konnten sie wirklich provozieren. Debatten, die zugelassen wurden, betrafen kleinere Korrekturen des kulturellen Kanons, nie den Bestand des Kanons selbst. Sie wirkten im geistigen Binnenklima der DDR einst aufregend und sind heute zu Recht vergessen.

Verstärkend kommt hinzu, daß von den früheren staatssozialistischen Ländern einzig die Deutsche Demokratische Republik im Laufe ihrer vierzigjährigen Geschichte keine Emigrantenkultur hervorbrachte – und nicht hervorbringen konnte. Ein tschechischer, ein polni-

76

scher oder ein ungarischer Schriftsteller, die vor ihren Regimen nach Paris oder Rom, nach London oder Wien geflohen waren, hatten sich damit ihrer Kultur und ihrer Sprache entfremdet. Ein Schriftsteller aus Leipzig, der nach München übersiedelte und ohnehin deutscher Staatsbürger im Sinne des westdeutschen Grundgesetzes war, blieb ein deutscher Schriftsteller. Im pathetischen Wortsinne gab es einen einzigen DDR-Emigranten – Uwe Johnson, der deshalb im anderen Deutschland ebenfalls nicht heimisch werden konnte. Die Existenz der Bundesrepublik hat das Entstehen einer DDR-Emigrantenkultur verhindert. Auch hier verzahnten sich Entwicklungen in der DDR und in der Bundesrepublik miteinander.

Die von außen erzwungene, von innen weitgehend hingenommene Provinzialisierung der DDR-Kultur verstärkt die Gefahr einer neuen Entfremdung, die dem vereinten Deutschland heute droht. Gut deutsch sein heiße, sich zu entdeutschen, steht in Nietzsches Nachlaß. In diesem Sinn war die Bundesrepublik nicht das gute, wohl aber ein besseres Deutschland. Jetzt mehren sich die Zeichen einer durch die Wiedervereinigung beförderten Re-Nationalisierung der deutschen Kultur.

Fünfzig Jahre nach dem Ende des Zweiten Weltkrieges sind die meisten Emigranten und Rückkehrer verstorben. Zugleich schwindet der

Einfluß der deutschen Emigrantenkultur im Ausland. Allan Blooms Bestseller *The Closing of the American Mind*, diese Programmschrift einer neuen, geistigen Monroe-Doktrin, richtet die unverhüllte Aufforderung an die Amerikaner, sich von den verderblichen Einflüssen der durch die Emigranten importierten deutschen Geisteskultur endlich zu befreien und Hegel und Marx, Heidegger, Max Weber und Freud, die zu Unrecht als internationale Autoren gelten, zu enttarnen, das heißt schleunigst zu regermanisieren.

Vielleicht wird sich das vereinte Deutschland dies nicht zweimal sagen lassen. In unseren sozialwissenschaftlichen Fakultäten werden bereits Doktorhüte mit Pamphleten erworben, die gegen eine Überfremdung der deutschen Soziologie Sturm laufen und die Besinnung des Faches auf seine nationalen Ursprünge fordern. Mit dem Erstarken auch des kulturellen deutschen Selbstbewußtseins setzen unverhüllt und unverschämt geistige Rehabilitierungen ein, die sich in der alten Bundesrepublik zwar bereits andeuteten, dort aber bislang nur indirekt oder mit schlechtem Gewissen möglich waren.

Die nicht nur aus kunsthistorischen Gründen propagierte Heimkehr der ausgelagerten Nazi-Kunst in die deutschen Museen, die völkisch-romantische Wesensschau, der ein Hans-Jürgen Syberberg sich hingibt – sie erweisen sich jetzt als tastende Probehandlungen, die auf ästhetischem Gebiet ausreizten, was in Deutschland in der politischen Philosophie und vielleicht auch in der Politik möglich sei. Hier bereiten sich eine nationale Renaissance und eine Revision des Geschichtsbewußtseins vor, die weitreichendere Folgen haben können als ausländerfeindliche Parolen und Aktionen, bei denen die Geographie der Tatorte den Schluß nahelegt, der Haß auf die Fremden sei im Augenblick das einzige gesamtdeutsche Gemeingefühl. Noch gibt es in der Bundesrepublik keinen Le Pen und keinen Giscard d'Estaing, der sich einem Le Pen anbiedern muß. Dem Wechsel des politisch-moralischen Klimas aber wird vorgearbeitet.

So war die Renaissance Martin Heideggers und Carl Schmitts in der alten Bundesrepublik nicht etwa auf eine konservative Verschwörung zurückzuführen. Sie hatte ihren Grund auch in der wohlwollenden Spätrezeption durch Gruppierungen der linken Intelligenz. Auf dem Umweg über in den USA oder in Frankreich geführte Debatten durften diese ihre Affinität zu Autoren bekennen, die sie im deutschen Binnenklima noch länger in intellektueller Quarantäne belassen hätten.

Bei Ludwig Wittgenstein heißt es einmal, von Zeit zu Zeit müsse man gewisse Worte aus dem Verkehr ziehen, damit sie gereinigt in die Sprache zurückkehren könnten. Das französische und das englische Lexikon wurden noch bis vor kurzem in unserem Land zu Hilfe genommen, um Wendungen zu benutzen, die man aus dem deutschen Wörterbuch verschwunden glaubte. Diese Zurückhaltung ist nun vorbei. Auf Übersetzungen und Umweglegitimationen kann verzichtet werden. Alle Traditionsbestände sind reaktivierbar. Jetzt wird in Deutschland wieder Klartext geredet.

Kennzeichnend dafür ist – ein Jahr nach der Wiedervereinigung – die Publikation des *Glossariums* von Carl Schmitt, das seine Aufzeichnungen der Jahre 1947–1951 enthält. Es geht nicht darum, das Selbstmitleid eines Autors zu werten, der wenige Jahre nach dem Zweiten Weltkrieg und dem Genozid der Nazis die Emigranten als Deserteure und Davonläufer beschimpft, während er selbst sich zum ewigen Frontkämpfer stilisiert, der – eine solche Wendung muß man wortwörtlich zitieren – unter dem »Terror von Nazis und Juden« zu leiden hatte. Zu Erschrecken gibt die Frage Anlaß, warum 1991 diese mühsam entzifferten Notizen auf den Markt kommen – publiziert mit dem entschiedenen Gestus einer längst überfälligen Wiedergutmachung und nicht ohne die prophezeiende Drohung, die Bemerkungen Carl Schmitts seien »von einer faszinierenden Aktualität für Fragen, die auch heute die geistige Auseinandersetzung bestimmen«.

In der Tat – die Aktualität dieses Glossariums, das sich als Begleittext des neuen gesamtdeutschen Revisionismus und seiner schamlosen Vergangenheitsbewältigung anbietet, sollte nicht unterschätzt werden. »Arme Gojim« wie Carl Schmitt müssen 1948 ihre Gleichsetzung der »Stiefellecker des Westens« mit den »Stiefelleckern des Ostens« noch in gotischer Kurrentschrift verbergen und den Spott über das Grundgesetz auf ihr privates Tagebuch beschränken.

Jetzt aber ist Deutschland vereinigt und die volle deutsche Souveränität ist wiederhergestellt. Ein neuer Korpsgeist ist gefragt, und alte Zurückhaltungen können aufgegeben werden – um so mehr, als mit der Sowjetunion endlich der wahre Instruktor der Nürnberger Prozesse von der politischen Bühne verschwunden ist. Hier zeichnen sich Revisionen der deutschen Geschichte und Stärkungen des deutschen Selbstbewußtseins ab, deren Folgewirkungen nicht nur die Deutschen, sondern die Nachbarn Deutschlands zu fürchten haben.

Politische Theologie und Realpolitik

DIE LANGFRISTIGE FOLGEWIRKUNG DER SOZIALEN Deklassierungen, die der freigewählte Anschluß an die Bundesrepublik für eine große Zahl von Bewohnern der ehemaligen DDR mit sich gebracht hat, ist nicht zu unterschätzen. Ernst Fraenkel hat gezeigt, daß das Deutschland des ausgehenden 19. und des ersten Drittels des 20. Jahrhunderts zur Entwicklung des Staats- und Gesellschaftstypus, den man als westliche Demokratie bezeichnet, vor allem den Gedanken der sozialen Geborgenheit beigesteuert hat. In Deutschland ist die Legitimität der Demokratie im hohen Maße an die Befriedigung von Geborgenheitsansprüchen geknüpft.

Die innere Bejahung des Grundgesetzes und die Teilhabe am Wirtschaftswunder waren daher in der alten Bundesrepublik zwei Seiten der gleichen Medaille. Die Westdeutschen blieben stets wohlhabend genug, um sich in ihrer Zustimmung zur Demokratie nicht irremachen zu lassen. Wirklich auf die Probe gestellt wurde ihr Demokratieverständnis nicht. Jetzt droht zum

ersten Mal von einer wachsenden Geborgen-
heitsskepsis Gefahr für die Legitimität des demokratischen Systems im vereinten Deutschland.

Diese Legitimität wird auch von provozieren-
den Überbeanspruchungen der Demokratie bedroht, die zur Strategie der entmachteten DDR-
Kader zählen. Als demokratisch werden einzig
die verwirklichte Utopie des *consensus omnium*
und der allumfassende Versorgungsstaat akzep-
tiert − die GojR, wie Fraenkel sie spöttisch
nannte, die Gesellschaft ohne jegliches Risiko.
An diesen unerfüllbaren Ansprüchen wird die
Bundesrepublik gemessen und damit zugleich
die DDR als totalitärer Versorgungsstaat rückwirkend rehabilitiert. Die Bundesrepublik, die
die verrottete DDR nicht über Nacht zu sanieren
vermag, wird zum abschreckenden Beispiel einer Gesellschaft, in der den allerorts sichtbaren
private vices keine ausreichenden *public benefits*
mehr entsprechen.

Noch stärker legitimitätsschwächend für die
Demokratie im vereinten Deutschland kann
sich im Rückblick der Historikerstreit auswir-
ken. Zu Recht haben Jürgen Habermas, Hans-
Ulrich Wehler und andere im Versuch, die Verbrechen des nationalsozialistischen Deutschland mit den Greueltaten des Stalinschen Regimes nicht nur zu vergleichen, sondern letztlich dagegen aufzurechnen, eine Strategie zur

84

Normalisierung der jüngsten deutschen Geschichte aufgedeckt, die das demokratische
Selbstverständnis der Bundesrepublik und ihre
Zugehörigkeit zur Wertegemeinschaft des Westens in Frage stellte.

Die Spaltung Deutschlands war der unerhörte
Preis, der für die unsühnbaren Verbrechen der
Nazizeit gezahlt werden mußte. Dieses Argument findet sich schon bei Wilhelm Roepke, der
1945 in seinem Buch *Die deutsche Frage* die
Rückkehr Deutschlands in die internationale
Staatengemeinschaft von seiner Entprussifizie-
rung, seiner Verwestlichung, seiner Föderalisie-
rung und letztlich von seiner Teilung abhängig
machte. Die Lösung der deutschen Frage war
die Schaffung der *westdeutschen Konföderation*
als östlichstem Teil der Atlantischen Gemeinschaft. Damit wurde eine historische Option er-
füllt, die 1866 zum Schaden Deutschlands und
der Welt aufgegeben worden war.

So sehr die deutsche Teilung auch realpoli-
tisch gerechtfertigt wurde: ihre theologischen
Untertöne waren unüberhörbar. Die deutsche
Einheit galt nicht nur, wie noch im 19. Jahrhundert für Donoso Cortés, als Idee wider die Geschichte und wider die Vernunft, sondern als
Auflehnung gegen die göttliche Gerechtigkeit.
Die Deutschen hatten keinen Fehler begangen,
den es zu korrigieren galt. Sie hatten gesündigt
und mußten dafür Buße tun.

Die Bußformel der deutschen Teilung gehörte – trotz aller Kontroversen der politischen Rhetorik – unterschwellig zum Grundbestandteil des politischen Konsensus in der Bundesrepublik. Sie nachzubeten, fiel im Westen um so leichter, als die wahre Buße für die Sünden der Deutschen die DDR zu leisten hatte, während der westdeutsche Staat mit einem letztlich erschwinglichen Ablaß davonkam. Von den ihr auferlegten Reparationsleistungen konnte sich die DDR nie richtig erholen, während die wohlhabende Bundesrepublik aus der freiwilligen Wiedergutmachung erhebliches moralisches und politisches Kapital schlug.

Wer in der Teilung Deutschlands den Preis deutscher Schuld sah, konnte ein theologisches Argument als realpolitische Einsicht tarnen, weil an die Möglichkeit einer Vereinigung der beiden deutschen Staaten auf unabsehbare Zeit nicht zu denken war. In dieser politischen Theologie spielten Schuld, Sühne und Buße eine Rolle – nicht aber das Wunder.

Nun ist das »Wunder« der Einheit geschehen, und die unglaubliche Revision der deutschen Teilung läßt sich nutzen wie ein Gottesurteil. Jetzt werden die Lizenzen zur endgültigen Normalisierung der deutschen Geschichte wohlfeil. Heute braucht niemand mehr, wie am 23. Mai 1948 der gepeinigte Carl Schmitt, zu schreiben: »Wir Deutsche büßen inzwischen à conto Wie-

86

dergutmachung.« Ist die Schuld nicht offenkundig gebüßt? Ist die wiedergewonnene Einheit der Deutschen dafür nicht der unumstößliche Beleg? Hier bieten sich Sinngebungen der deutschen Geschichte an, auf die wir hoffentlich verzichten werden.

*

Zu warnen ist vor Weinerlichkeit oder neudeutscher Melancholie. Mancher Fremde möchte, wie früher mit dem Blick auf England, fragen: Wie geht es eigentlich Deutschland, diesem Land, in dem niemand sich wohl fühlt? Die Deutschen aber haben vielleicht Grund, zu klagen; Grund zum Verzweifeln haben sie nicht. Dazu genügt ein Blick über die Grenzen. Unsere Sorgen möchte man haben. Statt zu klagen, sollten die Deutschen, nichts verdrängend, lernen, weise zu erinnern und weise zu vergessen.

François Furet hat die Deutschen, neben den Russen, das zweite große europäische Volk genannt, das unfähig sei, seinem 20. Jahrhundert und damit seiner ganzen Geschichte einen Sinn zu geben. Wie weit unsere Kraft zur Sinngebung auch reichen mag: die Deutschen aus Ost und West werden in den wenigen verbleibenden Jahren dieses Jahrhunderts und zu Beginn des nächsten Jahrtausends die engen Grenzen der eigenen Gemeinschaft verlassen müssen, um zu sich selbst zu finden.

In beiden deutschen Kulturen hat ein Fach

wie die Ethnologie in den wegweisenden intellektuellen Debatten nie eine Rolle gespielt. Diese Debatten wirken oft auch deswegen provinziell, weil es unter den Intellektuellen unseres Landes zahlreiche Heroen der Selbstreflexion, aber keinen Claude Lévi-Strauss, keinen Edward Saïd und keinen Ernest Gellner gibt. Nur durch Entwicklungshilfe lassen sich solche schwerwiegenden Defizite der geistigen Orientierung nicht abdecken. Dem ernstgemeinten, das heißt die eigenen Selbstverständlichkeiten in Frage stellenden Kulturvergleich ziehen wir allemal die Institutionalisierung unserer Innerlichkeit vor.

Nicht in der Dauerreflexion über die deutschen Zustände aber, nicht in der quälenden Auseinandersetzung miteinander werden die Deutschen die Einheit vollenden, sondern in ihrer entschiedenen Abkehr von der Innerlichkeit und im Engagement für andere, in ihrem eigenen Land, in den Armutsgebieten Europas und in der Dritten Welt. Vielleicht leisten die Deutschen damit ihren Beitrag dazu, daß in unserem aufgewühlten Fin de Siècle die Prophezeiung Tocquevilles endlich doch wahr wird, Gott plane für die Völker Europas eine ruhige Zukunft.

WOLF LEPENIES

geboren 1941, ist seit 1986 Rektor des Wissen-
schaftskollegs zu Berlin. Kuratoriumsvorsitzen-
der des 1991 gegründeten Collegium Budapest,
im akademischen Jahr 1991–92 Lehrstuhlinha-
ber der Chaire Européenne des Collège de
France in Paris. Wichtigste Veröffentlichungen:
»Melancholie und Gesellschaft«, Frankfurt 1969;
»Das Ende der Naturgeschichte«, München 1976;
»Die drei Kulturen«, München 1985; »Autoren
und Wissenschaftler im 18. Jahrhundert«, München 1988; »Gefährliche Wahlverwandtschaf-
ten«, Stuttgart 1989.

CORSO bei Siedler

Friedrich Dieckmann
WAGNER, VERDI
96 Seiten, Abbildungen, Leinen

Waltraut Engelberg
JOHANNA UND OTTO VON BISMARCK
2. Auflage · 104 Seiten mit
Abbildungen, Leinen

Theodor Eschenburg
DAS JAHRHUNDERT DER VERBÄNDE
144 Seiten, Leinen

Joachim Fest
DER ZERSTÖRTE TRAUM
Vom Ende des utopischen Zeitalters
104 Seiten, Leinen

Heinz Friedrich
MEIN DORF
80 Seiten mit Abbildungen, Leinen

Klaus Fußmann
DIE VERSCHWUNDENE MALEREI
2. Auflage · 104 Seiten mit
Abbildungen, Leinen

Klaus Fußmann
DIE SCHULD DER MODERNE
108 Seiten mit Abbildungen, Leinen

Andreas Hillgruber
ZWEIERLEI UNTERGANG
3. Auflage · 112 Seiten, Leinen

Peter Graf Kielmansegg
LANGE SCHATTEN
Vom Umgang der Deutschen
mit der nationalsozialistischen Vergangenheit
104 Seiten, Leinen

Werner Knopp
WOHER, BERLIN, WOHIN?
96 Seiten mit 10 ganz- und doppelseitigen
Abbildungen, Leinen

Heinrich von Lersner
DIE ÖKOLOGISCHE WENDE
96 Seiten, Leinen

Hermann Lübbe
POLITISCHER MORALISMUS
2. Auflage · 128 Seiten, Leinen

Christian Meier
POLITIK UND ANMUT
124 Seiten mit Abbildungen, Leinen

Thomas Nipperdey
WIE DAS BÜRGERTUM DIE MODERNE FAND
96 Seiten, Leinen

Karl Schlögel
DIE MITTE LIEGT OSTWÄRTS
2. Auflage · 128 Seiten
mit Abbildungen, Leinen

Helmut Schmidt
VOM DEUTSCHEN STOLZ
Bekenntnisse zur Erfahrung von Kunst
2. Auflage · 96 Seiten, Leinen

Hagen Schulze
DIE WIEDERKEHR EUROPAS
80 Seiten, Leinen

Hagen Schulze
GIBT ES ÜBERHAUPT EINE DEUTSCHE
GESCHICHTE?
80 Seiten, Abbildungen, Leinen

Wolf Jobst Siedler
AUF DER PFAUENINSEL
7. Auflage · 104 Seiten mit
Abbildungen, Leinen

Wolf Jobst Siedler
LOB DES BAUMES
80 Seiten mit
Abbildungen, Leinen

Wolf Jobst Siedler
WANDERUNGEN ZWISCHEN ODER UND NIRGENDWO
4. Auflage · 144 Seiten mit Abbildungen, Leinen

Der Siedler Verlag ist ein gemeinsames Unternehmen der
Verlagsgruppe Bertelsmann und von Wolf Jobst Siedler.

CIP-Titelaufnahme der Deutschen Bibliothek

Wolf Lepenies: Folgen einer unerhörten Begebenheit:
Die Deutschen nach der Vereinigung / Wolf Lepenies
1. Auflage – Berlin: Siedler, 1992
(Corso bei Siedler). ISBN 3-88680-455-0

Satz: Bongé + Partner, Berlin.
Ausstattung: Brigitte und H. P. Willberg, Eppstein/Ts.
Druck: Clausen & Bosse, Leck.
Buchbinder: Lüderitz & Bauer, Berlin.
Printed in Germany 1992
ISBN 3-88680-455-0